Beck Script, Band 9:

Die Haftung des GmbH-Geschäftsführers

Die Haftung des GmbH-Geschäftsführers

von

Dr. Ralf Ek, LL. M.

Advokat (Schweden)

Rechtsanwalt/Fachanwalt für Handels- und Gesellschaftsrecht

in Frankfurt a. M.

Verlag C. H. Beck München 2011

Verlag C.H. Beck im Internet:
beck.de

ISBN 978-3-406-61181-0

Wilhelmstr. 9, 80801 München
Druck: Nomos Verlagsgesellschaft
In den Lissen 12, 76547 Sinzheim

Satz: Textservice Zink, Schwarzach

Gedruckt auf säurefreiem, alterungsbeständigem Papier
(hergestellt aus chlorfrei gebleichtem Zellstoff)

Vorwort

Die Thematik Geschäftsführerhaftung ist aktueller denn je. Es vergeht kaum eine Woche, in der nicht in juristischen Fachveröffentlichungen, aber gerade auch in der Tagespresse Berichte über gerichtliche Entscheidungen gegen GmbH-Geschäftsführer veröffentlicht werden. Schwerpunkt in der Praxis ist hierbei die Haftung auf Schadenersatz aufgrund zivilrechtlicher Grundlagen; die strafrechtliche Haftung hat jedoch in den letzten Jahren ebenfalls an Bedeutung gewonnen.

Die von GmbH-Geschäftsführern zu erfüllenden rechtlichen Pflichten sind mannigfaltig und werden immer komplexer. Dieser Ratgeber wendet sich deshalb an alle Geschäftsführer und ihre Berater, die sich einen konzentrierten Überblick über die praxisrelevanten Haftungsrisiken verschaffen wollen. Zielsetzung ist es, die wesentlichen Haftungsfallen darzustellen und praktische Ratschläge zur Haftungsvermeidung, bzw. -minimierung zu geben.

Der Ratgeber beruht auf einem Skript, das im Jahre 2010 bei mehreren Seminarveranstaltungen zum Thema: „Die Haftung des GmbH-Geschäftsführers. Basisseminar mit Praxistipps zur Haftungsvermeidung" verwendet wurde und berücksichtigt den aktuellen Stand von Gesetzgebung und Rechtsprechung. Berücksichtigt ist hierbei insbesondere die praktische Umsetzung des zum 1. November 2008 in Kraft getretenen Gesetzes zur Modernisierung des GmbH-Rechts und zur Bekämpfung von Missbräuchen (MoMiG).

Der Verfasser dankt allen beteiligten Sekretärinnen und Mitarbeitern, namentlich Hendrik Beyer, für ihren großen Einsatz bei der Erstellung dieses Buches. Für Hinweise und Anregungen aus dem Kreis der Leser wäre der Verfasser auch im Hinblick auf künftige Auflagen sehr dankbar.

Frankfurt, im Dezember 2010 — Ralf Ek

Inhaltsverzeichnis

Abkürzungsverzeichnis

a. A.	anderer Ansicht
ABl.	Amtsblatt
Abs.	Absatz
a. E.	am Ende
a. F.	alte Fassung
AG	Amtsgericht; Aktiengesellschaft; Die Aktiengesellschaft
AG-Report	Sonderteil der Zeitschrift Die Aktiengesellschaft
AktG	Aktiengesetz
AktR	Aktienrecht
Alt.	Alternative
Anh	Anhang
Art.	Artikel
BAG	Bundesarbeitsgericht
BayObLG	Bayerisches Oberstes Landesgericht
BB	Betriebs-Berater
Bd.	Band
BeckOK GmbHG	Beck'scher Online-Kommentar GmbHG
BeckRS	Beck-Rechtsprechung
BGB	Bürgerliches Gesetzbuch
BGBl I, II	Bundesgesetzblatt Teil I, II
BGH	Bundesgerichtshof
BGHZ	Sammlung der Entscheidungen des BGH in Zivilsachen
BGHSt	Sammlung der Entscheidungen des BGH in Strafsachen
BKR	Zeitschrift für Bank- und Kapitalmarktrecht
BR	Bundesrat
BR-Drs	Bundesratsdrucksache
BReg	Bundesregierung
BT	Bundestag
BT-Drs	Bundestagsdrucksache
BVerfG	Bundesverfassungsgericht
bzw.	beziehungsweise
ca.	circa
DB	Der Betrieb
d. h.	das heißt
DNotZ	Deutsche Notarzeitschrift
DrittelbG	Drittelbeteiligungsgesetz
Drs	Drucksache

DStR	Deutsches Steuerrecht
E	Entwurf
EG	Europäische Gemeinschaft(en)
etc.	et cetera
evtl.	eventuell
EWiR	Entscheidungen zum Wirtschaftsrecht
f., ff.	folgende Seite(n)
FGG	Gesetz über die Angelegenheiten der freiwilligen Gerichtsbarkeit
Fn.	Fußnote
FS	Festschrift
GG	Grundgesetz
ggf.	gegebenenfalls
GKG	Gerichtskostengesetz
GmbH	Gesellschaft mit beschränkter Haftung
GmbHG	Gesetz betreffend die Gesellschaften mit beschränkter Haftung
GmbHR	GmbH-Rundschau
Großkomm	Großkommentar
GWB	Gesetz gegen Wettbewerbsbeschränkungen
GWR	Gesellschafts- und Wirtschaftsrecht
Hbs.	Halbsatz
Hdb	Handbuch
HGB	Handelsgesetzbuch
Hrsg.	Herausgeber
i. S. v.	im Sinne von
i. V. m.	in Verbindung mit
JuS	Juristische Schulung
JZ	Juristenzeitung
KG	Kammergericht; Kommanditgesellschaft
LG	Landgericht
MarkenG	Markengesetz
Mio.	Million(en)
MitbestG	Gesetz über die Mitbestimmung der Arbeitnehmer
MontanMitbestG	Gesetz über die Mitbestimmung der Arbeitnehmer in den Aufsichtsräten und Vorständen der Unternehmen des Bergbaus und der Eisen und Stahl erzeugenden Industrie
MünchKomm	Münchener Kommentar
m. w. N.	mit weiteren Nachweisen

n. F.	neue Fassung
NJOZ	Neue Juristische Online Zeitschrift
NJW	Neue Juristische Wochenschrift
NJW-RR	NJW-Rechtsprechungs-Report Zivilrecht
Nr.	Nummer
NZA	Neue Zeitschrift für Arbeitsrecht
NStZ	Neue Zeitschrift für Strafrecht
NZG	Neue Zeitschrift für Gesellschaftsrecht
NZI	Neue Zeitschrift für Insolvenz und Sanierung
OLG	Oberlandesgericht
OWiG	Gesetz über Ordnungswidrigkeiten
PatG	Patentgesetz
RegBegr	Regierungsbegründung
RegE	Regierungsentwurf
RG	Reichsgericht
Rn	Randnote bzw. Randnummer
RNotZ	Rheinische Notar-Zeitung
S.	Satz, Seite, Siehe
s.	siehe
StGB	Strafgesetzbuch
u.	und
UmwG	Umwandlungsgesetz
UrhG	Urhebergesetz
v.	vom
VG	Verwaltungsgericht
VO	Verordnung
VP	Die VersicherungsPraxis
wistra	Zeitschrift für Wirtschafts- und Steuerstrafrecht
z. B.	zum Beispiel
ZBB	Zeitschrift für Bankrecht und Bankwirtschaft
ZGR	Zeitschrift für Unternehmens- und Gesellschaftsrecht
ZHR	Zeitschrift für das gesamte Handelsrecht
Ziff.	Ziffer
ZInsO	Zeitschrift für das gesamte Insolvenzrecht
ZIP	Zeitschrift für Wirtschaftsrecht
ZPO	Zivilprozessordnung
ZRP	Zeitschrift für Rechtspolitik

Literaturverzeichnis

Altmeppen, Holger, Abschied vom „Durchgriff" im Kapitalgesellschaftsrecht, NJW 2007, 2657

Altmeppen, Holger, Cash Pooling und Kapitalerhaltung bei bestehendem Beherrschungs- oder Gewinnabführungsvertrag, NZG 2010, 361

Altmeppen, Holger, Cash-Pool, Kapitalaufbringungshaftung und Strafbarkeit der Geschäftsleiter wegen falscher Versicherung, ZIP 2009, 1545

Altmeppen, Holger, Zur vorsätzlichen Gläubigerschädigung, Existenzvernichtung und materiellen Unterkapitalisierung in der GmbH, ZIP 2008, 1201

Arbeitskreis Externe und Interne Überwachung der Unternehmung der Schmalenbach-Gesellschaft für Betriebswirtschaft e. V. (AKEIÜ), Köln, Compliance: 10 Thesen für die Unternehmenspraxis, DB 2010, 1509

Baumbach, Adolf / Hueck, Alfred, GmbH-Gesetz, 19. Auflage 2010 (zitiert: Bearbeiter in Baumbach/Hueck)

Beck'sches Handbuch der AG, siehe Müller, Welf/Rödder, Thomas (Hrsg.)

Beck'sches Mandatshandbuch Vorstand der AG, siehe Lücke, Oliver (Hrsg.)

Beckmann, Michael / Matusche-Beckmann, Annemarie, Versicherungsrechts-Handbuch, 2. Auflage 2009 (zitiert: Bearbeiter in Beckmann/Matusche-Beckmann Versicherungsrechtshandbuch)

Bellen, Francis / Stehl, Indra, Pflichten und Haftung der Geschäftsführung in der Krise der GmbH – ein Überblick, BB 2010, 2579

Bittmann, Folker, Strafrechtliche Folgen des MoMiG, NStZ 2009, 113

Bode, Christoph, Nachträgliche Anschaffungskosten beim Ausfall von Gesellschafterdarlehen nach MoMiG und Einführung der Abgeltungsteuer, DStR 2009, 1781

Bork, Reinhard, Zum Beginn des Zahlungsverbots gem. § 92 II 1 AktG, NZG 2009, 775

Bormann, Michael / Urlichs, Marc, Kapitalerhöhungen im Cash Pooling – welche Erleichterungen bringt das MoMiG tatsächlich?, DStR 2009 641

Böttcher, Lars, Verpflichtung des Vorstands einer AG zur Durchführung einer Due Diligence, NZG 2005, 49

Brömmelmeyer, Christoph, Neue Regeln für die Binnenhaftung des Vorstands – Ein Beitrag zur Konkretisierung der Business Judgement Rule, WM 2005, 2065

Bürgers, Tobias / Körber, Torsten, Heidelberger Kommentar zum Aktiengesetz, 2008 (zitiert: Bearbeiter in Bürgers/Körber AktG)

Centrale für GmbH Dr. Otto Schmidt, GmbH-Handbuch, Stand August 2010 (zitiert: Autor in GmbH-Handbuch)

Dahl, Michael / Schmitz, Jan, Probleme von Überschuldung und Zahlungsunfähigkeit nach FMStG und MoMiG, NZG 2009, 567

Diekmann, Hans / Leuering, Dieter, Der Referentenentwurf eines Gesetzes zur Unternehmensintegrität und Modernisierung des Anfechtungsrechts (UMAG), NZG 2004, 249

Drescher, Ingo, Die Haftung des GmbH-Geschäftsführers, 6. Auflage 2009

Ek, Ralf, Haftungsrisiken für Vorstand und Aufsichtsrat, 2. Auflage 2010
Ek, Ralf, Praxisleitfaden für die Hauptversammlung, 2. Auflage 2010
Ek, Ralf/Hoyenberg, Philipp von, Aktiengesellschafen, Gründung, Leitung, Börsengang, 2. Auflage 2006 (zitiert: Ek/von Hoyenberg Aktiengesellschaften)
Ek, Ralf/Hoyenberg, Philipp von, Unternehmenskauf und -verkauf, 2007 (zitiert: Ek/von Hoyenberg Unternehmenskauf)
Emmerich, Volker/Habersack, Mathias, Aktien- und GmbH-Konzernrecht, 6. Auflage 2010 (zitiert: Bearbeiter in Emmerich/Habersack Aktien- und GmbH-Konzernrecht)
Erbs, Georg/Kohlhaas, Max, Strafrechtliche Nebengesetze, 2009 (zitiert: Bearbeiter in Erbs/Kohlhaas)
Erne, Roland, Haftungsvermeidung des Geschäftsführers durch Frühwarnsysteme bei Nutzung von Cash Pooling, GWR 2010, 314
Erne, Roland, Praxisleitfaden für GmbH-Geschäftsführer zur Haftungsvermeidung bei Cash Pooling-Systemen, GWR 2009, 387
Fedke, Tibor, Konzerninnenfinanzierung nach dem MoMiG in insolvenznahen Szenarien, NZG 2009, 928
Fleischer, Holger, Die „Business Judgement Rule“: Vom Richterrecht zur Kodifizierung, ZIP 2004, 685
Fleischer, Holger, Konzernuntreue zwischen Straf- und Gesellschaftsrecht: Das Bremer Vulkan-Urteil, NJW 2004, 2867
Freund, Stefan, Abberufung und außerordentliche Kündigung des Geschäftsführers, GmbHR 2010, 117
Freund, Stefan, Organhaftung von Vorständen und Geschäftsführern. Ein Überblick mit Hinweisen aus der Praxis, GmbHR 2009, 1185
Geißler, Markus, Die gesetzlichen Veranlassungen zur Einberufung einer GmbH-Gesellschafterversammlung, GmbHR 2010, 457
Gottwald, Peter, Insolvenzrechts-Handbuch, 4. Auflage 2010 (zitiert: Bearbeiter in Gottwald InsolvenzR)
Greven, Tobias, Die Bedeutung des VorstAG für die GmbH, BB 2009, 2154
Grobys, Marcel/Glanz, Peter, Kopplungsklauseln in Geschäftsführerverträgen, NJW 2007, 129
Grothaus, Achim/Halberkamp, Thomas, Probleme des Cash-Poolings nach der neuen Rechtsprechung des BGH zur Stammkapitalrückgewähr, GmbHR 2005, 1317
Haas, Ulrich, Aktuelle Fragen zur Krisenhaftung des GmbH-Geschäftsführers nach § 64 GmbHG, GmbHR 2010, 1
Hasselbach, Kai, Der Verzicht auf Schadensersatzansprüche gegen Organmitglieder, DB 2010, 2037
Hasselbach, Kai/Seibel, Markus, Die Freistellung des GmbH-Geschäftsführers von der Haftung für Kartellrechtsverstöße, GmbHR 2009, 354
Hauschka, Christoph E., Compliance, Compliance-Manager, Compliance-Programme: Eine geeignete Reaktion auf gestiegene Haftungsrisiken für Unternehmen und Management?, NJW 2004, 257
Hauschka, Christoph E., Ermessensentscheidungen bei der Unternehmensführung, GmbHR 2007, 11
Haußer, Jochen/Heeg, Volker, Überschuldungsprüfung und Patronatserklärung, ZIP 2010, 1427

Heidel, Thomas (Hrsg.), Aktienrecht, 2. Aufl. 2007 (zitiert: Bearbeiter in Heidel)

Hentzen, Matthias, Die Abgrenzung von Kapitalaufbringung und Kapitalerhaltung im Cash-Pool – Zugleich eine Anmerkung zu den BGH-Urteilen vom 16.1. 2006, II ZR 75/04 und 76/04, DStR 2006, 948

Hirte, Heribert, Die „Große GmbH-Reform" – Ein Überblick über das Gesetz zur Modernisierung des GmbH-Rechts und zur Bekämpfung von Missbräuchen (MoMiG), NZG 2008, 761

Hoffmann, Dietrich, Das GmbH-Konzernrecht nach dem „Bremer Vulkan" – Urteil, NZG 2002, 68

Hoffmann, Dietrich / Liebs, Rüdiger, Der GmbH-Geschäftsführer: Handbuch für die Praxis des Unternehmers und Managers, 3. Auflage 2009 (zitiert: Hoffmann/Liebs GmbH-Geschäftsführer)

Holzborn, Timo / Bunnemann, Jan, Änderungen im AktG durch den Regierungsentwurf für das UMAG, BKR 2005, 51

Horn, Norbert, Unternehmerisches Ermessen und Vorstandshaftung nach § 93 AktG, Festschrift für Harm Peter Westermann, 2008, 1053 (zitiert: Horn in FS für Westermann)

Hüffer, Uwe, Aktiengesetz, 9. Auflage 2010 (zitiert: Hüffer AktG)

Ihrig, Hans-Christoph, Reformbedarf beim Haftungstatbestand des § 93 AktG, WM 2004, 2098

Ihrig, Hans-Christoph / Wagner, Jens, Die Reform geht weiter: Das Transparenz- und Publizitätsgesetz kommt, BB 2002, 789

Jaeger, Georg, Der Anstellungsvertrag des GmbH-Geschäftsführers, 5. Auflage 2009

Jauernig, Othmar, Bürgerliches Gesetzbuch, 13. Auflage 2009 (zitiert: Jauernig BGB)

Karlsruher Kommentar, Karlsruher Komm zum OWiG (zitiert: Bearbeiter in Karlsruher Komm OWiG)

Kiefner/Theusinger, Aufsteigende Darlehen und Sicherheitenbegebung im Aktienrecht nach dem MoMiG, NZG 2008, 801

Kindler, Peter, Grundzüge des neuen Kapitalgesellschaftsrechts – Das Gesetz zur Modernisierung des GmbH-Rechts und zur Bekämpfung von Missbräuchen (MoMiG), NJW 2008, 3249

Klein, Franz, Abgabenordnung, 10. Auflage 2009 (zitiert: Bearbeiter in Klein AO)

Kleindiek, Detlef, Materielle Unterkapitalisierung, Existenzvernichtung und Deliktshaftung – GAMMA, NZG 2008, 686

Kleindiek, Detlef, Die Geschäftsführerhaftung nach § 64 Satz 3 GmbHG – eine Zwischenbilanz, GWR 2010, 75

Klinck, Fabian / Gärtner, Matthias, Versetzt das MoMiG dem Cash-Pooling den Todesstoß?, NZI 2008, 457

Kock, Martin / Dinkel, Renate, Die zivilrechtliche Haftung von Vorständen für unternehmerische Entscheidungen, NZG 2004, 441

Kollmorgen, Alexander / Santelmann, Matthias / Weiß, Olaf, Upstream-Besicherung und Limitation Language nach Inkrafttreten des MoMiG, BB 2009, 1818

Komo, Daniel, Vermeidung von Haftungsrisiken für Geschäftsführer bei Gewährung von Upstream Securities, GmbHR 2010, 230

Korts, Sebastian, Cash Pooling, 2005 (zitiert: Korts Cash Pooling)

Kühn, Christian, GmbH-Geschäftsführer. Pflichten, Anstellung, Haftung, Haftungsvermeidung, Abberufung und Kündigung, 2009

Kunz, Thilo, Geltung und Reichweite der Business Judgment Rule in der GmbH, GmbHR 2008, 121

Kuthe, Thorsten, Die Fortsetzung der Aktienreform durch den Entwurf eines Gesetzes zur Unternehmensintegrität und Modernisierung des Anfechtungsrechts, BB 2004, 449

Leuering, Dieter / Dornhegge, Stefanie, Geschäftsverteilung zwischen GmbH-Geschäftsführern, NZG 2010, 13

Lücke, Oliver, Der Status des GmbH-Geschäftsführers: (K)ein Arbeitnehmer!? NJOZ 2009, 3469

Lutter, Marcus, Haftung und Haftungsfreiräume des GmbH-Geschäftsführers. 10 Gebote an den Geschäftsführer, GmbHR 2000, 301

Lutter, Marcus / Hommelhoff, Peter, GmbH-Gesetz, 17. Auflage 2009

Möhlmann-Mahlau, Thomas / Schmitt, Jens, Der „vorübergehende" Begriff der Überschuldung, NZI 2009, 19

Morsch, Stephan, Probleme bei der Kapitalaufbringung und der Kapitalerhaltung im Cash-Pool, NZG 2003, 97

Münchener Handbuch des Gesellschaftsrechts, siehe Hoffmann-Becking, Michael (Hrsg.)

Münchener Kommentar zum Aktiengesetz, siehe Kropff, Bruno / Semler, Johannes (Hrsg.)

Münchener Kommentar zum Bürgerlichen Gesetzbuch, siehe Rebmann, Kurt / Rixecker, Roland / Säcker, Franz Jürgen (Hrsg.)

Münchener Kommentar zur Handelsgesetzbuch, Siehe Schmidt, Karsten (Hrsg.)

Münchener Kommentar zur Insolvenzordnung, Siehe Kirchhof, Hans-Peter / Lwowski, Hans-Jürgen / Stürner, Rolf (Hrsg.)

Münchener Vertragshandbuch Gesellschaftsrecht, siehe Heidenhain, Martin / Meister, Burkhardt W. (Hrsg.)

Neumaier, Markus, Wann wird eine Zahlungsstockung zur Zahlungsunfähigkeit?, NJW 2005, 3041

Oppenländer, Frank / Trölitzsch, Thomas, Praxishandbuch der GmbH-Geschäftsführung 2004 (zitiert: Bearbeiter in Oppenländer/Trölitzsch GmbH-Geschäftsführung)

Otte, Sabine, BGH: Vereinbarung der Geltung des Kündigungsschutzgesetzes im Geschäftsführerdienstvertrag ist wirksam, GWR 2010, 344

Palandt, Otto, Bürgerliches Gesetzbuch, 70. Auflage 2010 (zitiert: Bearbeiter in Palandt)

Park, Tido (Hrsg.), Kapitalmarktstrafrecht, 2. Auflage 2008 (zitiert: Bearbeiter in Park Kapitalmarktstrafrecht)

Peetz, Carsten, Steuerhaftung des GmbH-Geschäftsführers und Mitwirkungspflichten, GmbHR 2009, 186

Peltzer, Martin, Konstruktions- und Handhabungsschwierigkeiten bei der D&O-Versicherung NZG, 2009, 970

Poepping, Melanie, Die Auswirkungen des MoMiG auf die insolvenzrechtliche Behandlung von Gesellschafterdarlehen ab dem 1.11. 2008, BKR 2009, 150

Primozic, Frank, Cash-Pooling versus Forderungsverkauf? NZI 2005, 358

Prössl, Erich / Martin, Anton, Versicherungsvertragsgesetz, 28. Auflage 2010 (zitiert: Bearbeiter in Prössl/Martin Versicherungsvertragsgesetz)

Prühs, Hagen, GmbH-Geschäftsführer: Rechte und Pflichten, 4. Auflage 2010

Rettenmaier, Felix / Palm, Lisa, Das Ordnungswidrigkeitenrecht und die Aufsichtspflicht von Unternehmensverantwortlichen, NJOZ 2010, 1414

Reuter, Alexander, „Krisenrecht" im Vorfeld der Insolvenz – das Beispiel der börsennotierten AG, BB 2003, 1797

Ries, Peter, Der ausländische Geschäftsführer, NZG 2010, 298.

Rodewald, Jörg / Unger, Ulrike, Corporate Compliance – Organisatorische Vorkehrungen zur Vermeidung von Haftungsfällen der Geschäftsleitung, BB 2006, 113

Roth, Markus, Das unternehmerische Ermessen des Vorstands – Neuerungen durch den Referentenentwurf eines Gesetzes zur Unternehmensintegrität und zur Modernisierung des Anfechtungsrechts (UMAG)?, BB 2004, 1066

Roth, Günter H. / Altmeppen, Holger, Gesetz betreffend die Gesellschaften mit beschränkter Haftung (GmbHG) Kommentar, 6. Auflage 2009 (zitiert: Bearbeiter in Roth/Altmeppen GmbHG)

Rothley, Oliver / Weinberger, Franz, Die Anforderungen an Vollwertigkeit und Deckung nach § 30 I 2 GmbHG und § 57 I AktG, NZG 2010, 1001

Rubner, Daniel, Liquidationsgesellschaft und Gesellschafterhaftung – Zugleich Besprechung des BGH-Urteils vom 9.2. 2009, BGH 9.2. 2009 Aktenzeichen II ZR 292/07, „Sanitary", DStR 2009, 1538

Schäfer, Carsten, Die Binnenhaftung von Vorstand und Aufsichtsrat nach der Renovierung durch das UMAG, ZIP 2005, 1253

Schmelz, Christoph, Cash-Management, quo vadis?, NZG 2006, 456

Schmidt, Bernd, Vertrauen ist gut, Compliance ist besser!, BB 2009, 1295

Schmidt, Karsten, Gesellschaftsrecht, 4. Auflage 2002 (zitiert: K. Schmidt GesR)

Schmolke, Klaus Ulrich, Organwalterhaftung für Eigenschäden von Kapitalgesellschaftern, 2004 (zitiert: Schmolke Organwalterhaftung)

Schneider, Uwe H., Die Pflichten des Geschäftsführers in der Krise der GmbH. Zwölf Handlungsanweisungen an den Geschäftsführer zur Haftungsvermeidung, GmbHR 2010, 57

Scholz, Franz (Hrsg.), Kommentar zum GmbH-Gesetz, 10. Auflage 2008 (zitiert: Bearbeiter in Scholz)

Schwerdtfeger, Armin (Hrsg.), Fachanwaltskommentar Gesellschaftsrecht, 2. Auflage 2010 (zitiert: Bearbeiter in Schwerdtfeger Fachanwaltskommentar)

Seibert, Ulrich / Schütz, Carsten, Der Referentenentwurf eines Gesetzes zur Unternehmensintegrität und Modernisierung des Anfechtungsrechts – UMAG, ZIP 2004, 252

Seibt, Christoph, Geschäftsführerbestellung und Anstellungsvertrag, NJW-Spezial 2004, 123

Seidel, Wolfgang, Cash-Pooling nur noch im Vertragskonzern?, DStR 2004, 1130

Semler, Johannes, Entscheidungen und Ermessen im Aktienrecht, Festschrift für Peter Ulmer zum 70. Geburtstag am 2. Januar 2003 (Hrsg. Habersack, Mathias / Hommelhoff, Peter / Hüffer, Uwe / Schmidt, Karsten) 2003, 627 (zitiert: Semler in FS für Ulmer)

Semler, Johannes, Zur aktienrechtlichen Haftung der Organmitglieder einer Aktiengesellschaft, AG 2005, 321

Sieger, Jürgen J. / Wirtz, Johannes, Cash-Pool: Fehlgeschlagene Kapitalmaßnahmen und Heilung im Recht der GmbH, ZIP 2005, 2277

Spindler, Gerald, Haftung und Aktionärsklage nach dem neuen UMAG, NZG 2005, 865

Stagat, Rolf, Und es geht doch: Kündigungsschutz für GmbH-Geschäftsführer, NZA 2010, 975

Streit, Georg / Bürk, Fabian, Keine Entwarnung bei der Geschäftsführerhaftung im Insolvenzfall, DB 2008, 742

Theusinger, Ingo, Barkapitalerhöhung im Cash-Pool nach MoMiG, NZG 2009, 1017

Thümmel, Roderich C., Organhaftung nach dem Referentenentwurf des Gesetzes zur Unternehmensintegrität und Modernisierung des Anfechtungsrechts (UMAG) – Neue Risiken für Manager?, DB 2004, 471

Thümmel, Roderich C., Persönliche Haftung von Managern und Aufsichtsräten, 3. Auflage 2003 (zitiert: Thümmel Persönliche Haftung von Managern und Aufsichtsräten)

Tillmann, Bert / Mohr, Randolf, GmbH-Geschäftsführer, 9. Auflage 2009 (zitiert: Tillmann/Mohr GmbH-Geschäftsführer)

Ulmer, Peter / Habersack, Mathias / Winter, Martin, GmbHG Großkommentar, 2006 (zitiert: Bearbeiter in Ulmer/Habersack/Winter GmbHG)

Ulmer, Peter, Haftungsfreistellung bis zur Grenze grober Fahrlässigkeit bei unternehmerischen Fehlentscheidungen von Vorstand und Aufsichtsrat?, DB 2004, 859

Umbeck, Elke, Anmerkung zu OLG Hamm Urteil vom 22.12. 2008 – 8 U 65/01, GWR 2009, 274

Wachter, Thomas, Aktuelle Rechtsprechung zum MoMiG, GmbHR 2009, 785

Waclawik, Erich, Die Verantwortlichkeit für existenzvernichtendes Unterlassen – Besprechung des BGH-Urteils vom 28.4. 2008, II ZR 264/06, DStR 2008, DSTR Jahr 2008 Seite 1293, Gamma, DStR 2008, 1486

Wagner, Gerhard, Persönliche Haftung der Unternehmensleitung: die zweite Spur der Produkthaftung, VersR 2001, 1057

Waldner, Wolfram / Wölfel, Erich, So gründe und führe ich eine GmbH, 9. Auflage 2009

Wecker, Gregor / van Laak, Hendrik, Compliance in der Unternehmerpraxis 2008 (zitiert: Compliance)

Weiss, Susanne / Buchner, Markus, Wird das UMAG die Haftung und Inanspruchnahme der Unternehmensleiter verändern?, WM 2005, 162

Wellhöfer, Werner / Peltzer, Martin / Müller, Welf, Die Haftung von Vorstand Aufsichtsrat Wirtschaftsprüfer, 2008 (zitiert: Bearbeiter in Wellhöfer/Peltzer/Müller Haftung)

Wicke, Hartmut, Gesetz betreffend die Gesellschaft mit beschränkter Haftung (GmbHG) 2008

Willemsen, Reinhard / Rechel, Janine, Erweiterte Geschäftsführerhaftung beim Cash-Pooling. Ausweitung der Insolvenzpräventionspflichten in § 64 GmbHG, GmbHR 2010, 349

Zattler, Marc, Insolvenzreife der Aktiengesellschaft – Die Stunde von Vorstand und Aufsichtsrat, GWR 2009, 285

Ziemons, Hildegard / Jaeger, Carsten, Beck'scher Online Kommentar GmbHG, Stand: 15. Januar 2010

A. Einleitung

I. Umfeld

1. Aktuelle Entwicklungen

Die Gesellschaft mit beschränkter Haftung (GmbH) ist die erfolgreichste Rechtsform im deutschen Gesellschaftsrecht. Die seit dem Jahr 1892 existierende Rechtsform ist seit jeher Veränderungen und Reformen unterworfen gewesen. Durch das „Gesetz zur Modernisierung des GmbH-Rechts und zur Bekämpfung von Missbräuchen" (MoMiG)[1], das am 1. November 2008 in Kraft getreten ist, sind jedoch besonders viele praxisrelevante Änderungen im GmbH-Recht vorgenommen worden. Zu den Kernpunkten des MoMiG gehören unter anderem die Deregulierung der GmbH-Gründung, Erleichterungen bei der Kapitalaufbringung und Kapitalerhaltung und die Bekämpfung von Missbräuchen mit der Rechtsform der GmbH[2]. Zudem ist die Unternehmergesellschaft, eine „abgespeckte" Version der GmbH eingeführt worden, die mit einem Mindeststammkapital von einem Euro gegründet werden kann. Durch diese Neuregelungen sollte die Attraktivität der GmbH im Vergleich zu ausländischen Gesellschaftsformen, wie der Limited nach englischem Recht, gesteigert werden.

Das Thema Geschäftsführerhaftung ist bei der GmbH stets aktuell. In den letzten Jahrzehnten sind eine Vielzahl von Geschäftsführern zu Schadenersatzzahlungen an die jeweilige GmbH, an die Gesellschafter bzw. an Dritte (insbesondere auch den Staat) verurteilt worden, weil sie gegen Gesetz oder Satzung verstoßen hatten. Besonders praxisrelevant sind Verstöße gegen die Eigenkapitalvorschriften, die Verletzung der Pflichten bei Zahlungsunfähigkeit und Insolvenz, die Nichtabführung von Lohn- und Sozialversicherungsbeiträgen und das Eingehen unangemessen großer geschäftlicher Risiken.

Um etwaige Haftungsrisiken von vornherein zu vermeiden bzw. minimieren zu können, muss sich der Geschäftsführer umfassend über seine Rechte und Pflichten informieren. Nur der rechtlich gut informierte Geschäftsführer wird in der Lage sein, die immanenten Risiken seiner Tätigkeit professionell und ordnungsgemäß zu handhaben. Angesichts der sich fortentwickelnden Rechtsprechung und zukünftigen Gesetzesänderungen müssen die Kenntnisse zudem in regelmäßigen Abständen aktualisiert werden.

---

[1] BGBl I 2008, S. 2026.

[2] *Hirte* NZG 2008, 761; *Kindler* NJW 2008, 3249; *Wachter* GmbHR 2009, 785.

2. Überblick über die Gesetzeslage

Als juristische Person kann die GmbH nicht alleine für sich handeln oder sich nach Außen hin verteten. Vielmehr bedarf es (mindestens) eines Geschäftsführers als Organ der Gesellschaft, der für die GmbH handelt und diese gegenüber Dritten vertritt. Der Geschäftsführer hat in den Angelegenheiten der Gesellschaft die Sorgfalt eines ordentlichen Geschäftsmanns anzuwenden. Da sich die Pflichten des Geschäftsführers und die Rechtsfolgen von Pflichtverletzungen, je nachdem ob es sich um Ansprüche der Gesellschaft oder Ansprüche Dritter handelt, nach unterschiedlichen Vorschriften richten, ist stets zwischen dem Innen- und Außenverhältnis zu unterscheiden.

Verstößt der Geschäftsführer schuldhaft gegen die ihm obliegenden Organpflichten und entsteht hierdurch bei der Gesellschaft ein Schaden, so macht er sich im Rahmen der Innenhaftung für etwaige Schäden der Gesellschaft schadenersatzpflichtig. Eine persönliche Haftung des Geschäftsführers kommt im Rahmen der Außenhaftung gegenüber den Gesellschaftern, Vertragsparteien und Dritten in Betracht.

a) Innenhaftung

Die zentrale Vorschrift im Zusammenhang mit der Haftung des Geschäftsführers gegenüber der Gesellschaft ist § 43 GmbHG.

§ 43 GmbHG:

> *„(1) Die Geschäftsführer haben in den Angelegenheiten der Gesellschaft die Sorgfalt eines ordentlichen Geschäftsmannes anzuwenden.*
>
> *(2) Geschäftsführer, welche ihre Obliegenheiten verletzen, haften der Gesellschaft solidarisch für den entstandenen Schaden.*
>
> *(3) Insbesondere sind sie zum Ersatz verpflichtet, wenn den Bestimmungen des § 30 zuwider Zahlungen aus dem zur Erhaltung des Stammkapitals erforderlichen Vermögen der Gesellschaft gemacht oder den Bestimmungen des § 33 zuwider eigene Geschäftsanteile der Gesellschaft erworben worden sind. Auf den Ersatzanspruch finden die Bestimmungen in § 9b Abs. 1 entsprechende Anwendung. Soweit der Ersatz zur Befriedigung der Gläubiger der Gesellschaft erforderlich ist, wird die Verpflichtung der Geschäftsführer dadurch nicht aufgehoben, dass dieselben in Befolgung eines Beschlusses der Gesellschafter gehandelt haben.*
>
> *(4) Die Ansprüche auf Grund der vorstehenden Bestimmungen verjähren in fünf Jahren."*

Nach § 43 Abs. 1 GmbHG hat der Geschäftsführer den gesteigerten Sorgfaltsmaßstab eines ordentlichen Geschäftsmanns zu beachten. Diese Pflicht des Geschäftsführers entspricht den Pflichten von Vorstandsmitgliedern einer Aktiengesellschaft (Sorgfalt eines ordentlichen und gewissenhaften Geschäftsleiters)[3]. Der Geschäfts-

---

[3] *Altmeppen* in Roth/Altmeppen GmbHG § 43 Rn 3; *Zöllner/Noack* in Baumbach/Hueck GmbHG § 43 Rn 7.

führer hat bei seiner Tätigkeit insbesondere wie ein Treuhänder die Interessen des Unternehmens zu wahren, und dabei alles zu unterlassen, was das Unternehmen schädigen könnte[4].

Nach herrschender Auffassung findet die in § 93 Abs. 1 S. 2 AktG verankerte Business Judgement Rule aus dem Aktienrecht auf die GmbH Anwendung[5]. Die Business Judgement Rule entspricht Vorbildern aus dem angelsächsischen Rechtskreis und nimmt die in der ARAG/Garmenbeck-Entscheidung des Bundesgerichtshofs[6] aufgestellten Kriterien für unternehmerisches Ermessen auf[7]. Dadurch wird für unternehmerische Entscheidungen, die nach bestem Wissen und Gewissen getroffen worden sind, ein Haftungsprivileg geschaffen (Safe Harbour). Zu unterscheiden ist zwischen unternehmerischen Entscheidungen und sonstigen Pflichten des Geschäftsführers. Während der Geschäftsführer durch die Business Judgement Rule von der Haftung für fehlgeschlagene unternehmerische Entscheidungen freigestellt werden kann, bleibt seine Haftung für sonstige Pflichtverletzungen, wie Verstöße gegen Treue- oder Informationspflichten, unberührt. Einen „sicheren Hafen" gibt es nur für unternehmerische Ermessensentscheidungen.

Neben der „allgemeinen" Haftung gegenüber der Gesellschaft lassen sich spezialgesetzlich geregelte Pflichten des Geschäftsführers unter anderem in § 9a Abs. 1 GmbHG für Pflichtverletzungen im Zusammenhang mit der Gründung der Gesellschaft, in § 57 Abs. 4 GmbHG für Verletzungen der Eintragungspflicht von Kapitalerhöhungen und in § 64 GmbHG für Pflichtverletzungen nach Eintritt der Zahlungsunfähigkeit der Gesellschaft oder nach Feststellung ihrer Überschuldung finden.

b) Außenhaftung

Grundsätzlich haftet für eine zum Schadenersatz verpflichtende Handlung des Geschäftsführers nach Außen hin die Gesellschaft, wenn die schadenbringende Handlung innerhalb des Wirkungskreises des Geschäftsführers liegt (§ 31 BGB)[8]. Nur in Ausnahmefällen können Ansprüche der Gesellschafter, Gläubiger oder Dritter di-

---

[4] BGHZ 129, 30, 34; OLG Düsseldorf AG 1997, 231, 235; OLG Hamm AG 1995, 512, 514; *Altmeppen* in Roth/Altmeppen GmbHG § 43 Rn 3; *Zöllner/Noack* in Baumbach/Hueck GmbHG § 43 Rn 9; *Wicke* GmbHG § 43 Rn 4; für die AG: *Hüffer* AktG § 93 Rn 4; *Bürgers/Israel* in Bürgers/Körber AktG § 93 Rn 3.

[5] *Wellhöfer* in Wellhöfer/Peltzer/Müller Haftung § 8 Rn 3; *Altmeppen* in Roth/Altmeppen GmbHG § 43 Rn 8; *Zöllner/Noack* in Baumbach/Hueck GmbHG § 43 Rn 22; Hauschka GmbHR 2007, 11, 12; *Kuntz* GmbHR 2008, 121; *Alexander* in Schwerdtfeger Fachanwaltskommentar § 43 GmbHG Rn 12.

[6] BGHZ 135, 244.

[7] Zu den Einzelheiten vgl. Ek Haftungsrisiken für Vorstand und Aufsichtsrat S. 13 ff.

[8] *Hoffmann/Liebs* GmbH-Geschäftsführer Rn 7003; *Reuter* in MünchKomm BGB § 31 Rn 11.

rekt gegen den Geschäftsführer geltend gemacht werden. Schadenersatzansprüche können nicht aus den Vorschriften erwachsen, die Pflichten des Geschäftsführers allein gegenüber der Gesellschaft begründen[9]. So besitzt § 43 Abs. 2 GmbHG keinen Schutzgesetzcharakter[10] i.S.d. § 823 Abs. 2 BGB. Praxisrelevante Schutzgesetze sind hingegen beispielsweise § 35a Abs. 1 S. 2 GmbHG (Angaben auf Geschäftsbriefen), § 58 Abs. 1 Nr. 2 GmbHG (Herabsetzung des Stammkapitals), § 15a Abs. 1 InsO (Insolvenzantragspflicht), § 263 StGB (Betrug) sowie § 266a Abs. 1 StGB (Weiterleitung von Arbeitnehmeranteilen an die Sozialversicherung). Eine Haftung des Geschäftsführers kann sich zudem aus anderen Rechtsgrundlagen ergeben. Hierzu gehört die Haftung gegenüber den Gesellschaftern nach § 31 Abs. 6 GmbHG bei Verstoß gegen die Kapitalerhaltungsvorschriften, gemäß der §§ 309 ff. AktG in einer Konzernstruktur oder nach § 25 UmwG, der einen unmittelbaren Anspruch der Gesellschafter bei Verschmelzungs- und anderen Umwandlungstatbeständen vorsieht. Hinzu kommen unter anderem Ansprüche aus Vertragsverhandlungen (§§ 280 Abs. 1, 311 Abs. 2 BGB), aus vertraglichen Vereinbarungen und aus Deliktsrecht. § 69 AO enthält zudem einen unmittelbaren Anspruch des Fiskus gegen den Geschäftsführer für die Verletzung von Steuerpflichten der Gesellschaft.

Haftungsansprüche Dritter wegen schädigender Handlungen des Geschäftsführers, die von der Gesellschaft erfüllt werden, können in Innenhaftungsansprüche der Gesellschaft gegenüber ihres Geschäftsführers umschlagen. In der Regel stellen schädigende Handlungen des Geschäftsführers gegenüber Dritten gleichzeitig eine Sorgfaltspflichtverletzung im Innenverhältnis dar, die dann einen Ersatzanspruch der Gesellschaft gegenüber dem Geschäftsführer gemäß § 43 Abs. 2 GmbHG auslöst.

II. Rechtliche Rahmenbedingungen

1. Verwaltungsorganisation der GmbH

a) Einleitung

Die GmbH besteht mindestens aus zwei Organen: der Gesellschafterversammlung als dominierendem Organ und der Geschäftsführung, die für die Gesellschaft handelt und diese gegenüber Dritten vertritt.

Die Gesellschafterversammlung ist die Gemeinschaft aller Anteilsinhaber der Gesellschaft. Die Beschlüsse der Gesellschafter werden in der Gesellschafterversammlung

---

[9] *Wellhöfer* in Wellhöfer/Peltzer/Müller Haftung § 10 Rn 1; *Wicke* GmbHG § 43 Rn 21; *Hoffmann/Liebs* GmbH-Geschäftsführer Rn 7003.

[10] *Wicke* GmbHG § 43 Rn 21; *Zöllner/Noack* in Baumbach/Hueck GmbHG § 43 Rn 64; *Wellhöfer* in Wellhöfer/Peltzer/Müller Haftung § 10 Rn 1.

gefasst (§ 48 GmbHG). Die Gesellschafterversammlung ist das oberste Willensorgan der GmbH und nimmt deshalb eine dominierende Stellung ein[11]. Im gesetzlichen Regelfall ist die Gesellschafterversammlung für alle Grundlagenentscheidungen der Gesellschaft, wie z.B. Kapitalmaßnahmen oder andere Satzungsänderungen, zuständig, aber auch für wesentliche andere Maßnahmen, wie die Feststellung des Jahresabschlusses und die Verwendung des Ergebnisses, die Bestellung und die Abberufung von Geschäftsführern sowie deren Entlastung und die Prüfung und Überwachung der Geschäftsführung.

Der Geschäftsführer ist das Leitungsorgan der Gesellschaft und vertritt diese gerichtlich und außergerichtlich (§ 35 Abs. 1 GmbHG). Ist mehr als ein Geschäftsführer bestellt, sind alle gemeinschaftlich zur Vertretung der Gesellschaft befugt, es sei denn, dass der Gesellschaftsvertrag etwas anderes bestimmt. Der Geschäftsführer ist aufgrund der umfassenden Weisungsbefugnis der Gesellschafterversammlung an deren Weisungen in Geschäftsführungsfragen intern gebunden[12]. Nach Außen hin ist die Vertretungsmacht des Geschäftsführers jedoch unbeschränkt und unbeschränkbar und umfasst die gesamte denkbare Geschäftstätigkeit der GmbH und der damit einhergehenden Rechtshandlungen[13].

Als weiteres Gesellschaftsorgan neben der Gesellschafterversammlung und der Geschäftsführung kann die GmbH auch einen Aufsichtsrat (oder einen Beirat) aufweisen, gesetzlich zwingend ist dies in der Regel jedoch nicht (§ 52 GmbHG). Obligatorisch ist ein Aufsichtsrat aufgrund von gesetzlichen Regelungen im Bereich der Mitbestimmung der Arbeitnehmer, insbesondere also dann, wenn die Gesellschaft mehr als 500 Arbeitnehmer beschäftigt. Außerhalb dieser Regelungen steht es der GmbH frei, ob ein Aufsichtsrat eingerichtet werden soll. Wird ein fakultativer Aufsichtsrat eingerichtet, gelten für die Tätigkeit des Aufsichtsrats die in § 52 GmbHG im Einzelnen genannten Bestimmungen des Aktienrechtes, sofern die Satzung der Gesellschaft keine abweichende Regelungen enthält.

b) Der Geschäftsführer

Der Geschäftsführer ist das Leitungsorgan der Gesellschaft und vertritt die Gesellschaft gerichtlich und außergerichtlich. Ihm unterliegt der gesamte Bereich der Geschäftsführung.

---

[11] Im Gegensatz hierzu gibt es bei der Aktiengesellschaft klar abgegrenzte Kompetenzen zwischen den Organen Hauptversammlung, Vorstand und Aufsichtsrat, so dass keines dieser Organe eine dominierende Stellung innehat, vgl. Ek Praxisleitfaden für die Hauptversammlung S. 6 ff.

[12] *Wellhöfer* in Wellhöfer/Peltzer/Müller Haftung § 8 Rn 17; *Altmeppen* in Roth/Altmeppen GmbHG § 35 Rn 7; *Wicke* GmbHG § 35 Rn 2; *Hoffmann/Liebs* GmbH-Geschäftsführer Rn 3003

[13] *Hoffmann/Liebs* GmbH-Geschäftsführer Rn 3009; *Wicke* GmbHG § 35 Rn 13; *Wellhöfer* in Wellhöfer/Peltzer/Müller Haftung § 8 Rn 15.

aa) Geschäftsführung

Die wirtschaftliche Leitung der Gesellschaft obliegt der Geschäftsführung. Diese hat den Unternehmensgegenstand, verankert in dem Gesellschaftsvertrag, zu verwirklichen. Die Geschäftsführung der Gesellschaft ist allumfassend. Sie umfasst das Recht und die Pflicht, im Rahmen der Gesetze, der Satzung, der für den Geschäftsführer verbindlichen Beschlüsse der Gesellschafterversammlung sowie unter Berücksichtigung der öffentlichen Interessen für die Gesellschaft zu handeln[14]. Darüber hinaus beinhaltet sie auch die Ausübung der unternehmerischen Führungsfunktion. Diese umfasst neben der Festsetzung der Unternehmenspolitik auch die Unternehmensplanung, die Unternehmenskoordination und die Unternehmenskontrolle sowie das zur Erreichung der Gesellschaftsziele erforderliche laufende Tagesgeschäft[15]. Die weit reichenden Geschäftsführungsbefugnisse können jedoch von der Gesellschafterversammlung beschränkt und die Politik, Planung und Koordination der Gesellschaft vorgegeben werden[16].

Sind mehrere Geschäftsführer bestellt, steht ihnen die Geschäftsführung grundsätzlich gemeinschaftlich zu[17]. Die Gesamtgeschäftsführung beinhaltet aufgrund der solidarischen Haftung unter den Geschäftsführern aus § 43 Abs. 1 GmbHG die Notwendigkeit der einstimmigen Beschlussfassung durch die Geschäftsführung[18]. Abweichende Regelungen sind durch den Gesellschaftsvertrag oder eine Geschäftsordnung möglich[19]. Aufgrund praktischer Überlegungen werden den Geschäftsführern in der Regel eigene Zuständigkeitsbereiche und Ressorts übertragen. Um eine persönliche Haftung für fremde Geschäftsbereiche zu vermeiden und ihren Kontrollpflichten nachzukommen, liegt es in dem Interesse aller Geschäftsführer, sich über die Vorgänge in ihren eigenen Ressorts gegenseitig zu unterrichten und ihr Handeln gegenseitig zu überwachen.

bb) Vertretung

Gemäß § 35 Abs. 1 AktG wird die Gesellschaft durch den Geschäftsführer vertreten. Vertretung der Gesellschaft ist jedes nach außen gerichtete rechtsgeschäftliche und prozessuale Handeln im Namen der Gesellschaft und mit Wirkung für diese[20]. Die Vertretungsbefugnis des Geschäftsführers im Außenverhältnis ist unbeschränkt und

---

[14] *Ziemons* in Oppenländer/Trölitzsch GmbH-Geschäftsführung § 22 Rn 5; *Wellhöfer* in Wellhöfer/Peltzer/Müller Haftung § 8 Rn 15.

[15] *Hoffmann/Liebs* GmbH-Geschäftsführer Rn 3035.

[16] *Hoffmann/Liebs* GmbH-Geschäftsführer Rn 3036.

[17] *Altmeppen* in Roth/Altmeppen GmbHG § 35 Rn 38; *Wellhöfer* in Wellhöfer/Peltzer/Müller Haftung § 8 Rn 14; *Hoffmann/Liebs* GmbH-Geschäftsführer Rn 3039.

[18] *Kleindiek* in Lutter/Hommelhoff GmbHG § 35 Rn 28ff.; *Wellhöfer* in Wellhöfer/Peltzer/Müller Haftung § 8 Rn 14; *Hoffmann/Liebs* GmbH-Geschäftsführer Rn 3039.

[19] *Altmeppen* in Roth/Altmeppen GmbHG § 35 Rn 57; *Zöllner/Noack* in Baumbach/Hueck GmbHG § 43 Rn 106; *Hoffmann/Liebs* GmbH-Geschäftsführer Rn 3039.

[20] *Zöllner/Noack* in Baumbach/Hueck GmbHG § 35 Rn 3; *Wicke* GmbHG § 35 Rn 2.

unbeschränkbar[21]. Daher tritt mit einer Beschränkung der Geschäftsführungsbefugnis nicht zugleich eine Beschränkung der Vertretungsmacht ein.

Die gerichtliche Vertretungsmacht des Geschäftsführers ist in einem Prozess der Gesellschaft gegen den Geschäftsführer beschränkt. Besteht ein Aufsichtsrat, liegt die Prozessvertretung i. d. R. bei diesem[22]. Ist dies nicht der Fall, entscheidet die Gesellschafterversammlung über die Prozessvertretung (§ 46 Nr. 8 GmbHG).

Der Geschäftsführer ist in den so genannten Fällen der Mehrfachvertretung gemäß § 181 BGB von der Vertretung ausgeschlossen. Das Verbot der Mehrfachvertretung besagt in Bezug auf den Geschäftsführer einer Gesellschaft, dass er als gesetzlicher Vertreter der Gesellschaft nicht mit einem Dritten, den er selbst vertritt, oder mit sich selbst Rechtsgeschäfte vornehmen darf. Etwas anderes gilt nur dann, wenn er vom Verbot der Mehrfachvertretung befreit ist[23].

Zwischen mehreren Geschäftsführern besteht Gesamtvertretung (§ 35 Abs. 2 S. 1 AktG). Sofern die Satzung nichts anderes bestimmt, sind daher alle Geschäftsführer nur gemeinschaftlich zur Vertretung der Gesellschaft befugt[24]. Es kann aber Einzelvertretungsmacht zugunsten eines oder aller Geschäftsführer vorgesehen werden.

cc) Anzahl der Geschäftsführer

Nach § 6 Abs. 1 GmbHG muss die Gesellschaft über einen oder mehrere Geschäftsführer verfügen. Die Anzahl der Geschäftsführer ist beliebig[25]. Bei Gesellschaften mit mehr als 2000 Mitarbeitern muss zudem ein Arbeitsdirektor bestellt werden (§ 33 MitBestG). Im Gesellschaftsvertrag kann die genaue Anzahl der Geschäftsführer wie auch eine Mindestzahl oder Maximalzahl festgelegt werden. Für eine flexiblere Gestaltung ist daneben eine Kompetenzzuweisung an ein bestimmtes Gremium, das über die genaue Anzahl der Geschäftsführer bestimmt, möglich[26].

---

[21] *Kleindiek* in Lutter/Hommelhoff GmbHG § 35 Rn 9; *Hoffmann/Liebs* GmbH-Geschäftsführer Rn 3011; *Wellhöfer* in Wellhöfer/Peltzer/Müller Haftung § 8 Rn 18.

[22] *Kleindiek* in Lutter/Hommelhoff GmbHG § 35 Rn 17; *Alexander* in Schwerdtfeger Fachanwaltskommentar § 35 GmbHG Rn 36.

[23] *Kleindiek* in Lutter/Hommelhoff GmbHG § 35 Rn 52; *Alexander* in Schwerdtfeger Fachanwaltskommentar § 35 GmbHG Rn 26ff.

[24] *Zöllner/Noack* in Baumbach/Hueck GmbHG § 43 Rn 103; *Wellhöfer* in Wellhöfer/Peltzer/Müller Haftung § 8 Rn 14.

[25] *Hueck/Fastrich* in Baumbach/Hueck GmbHG § 6 Rn 5; *Kleindiek* in Lutter/Hommelhoff GmbHG § 6 Rn 5.

[26] *Altmeppen* in Roth/Altmeppen GmbHG § 6 Rn 53; *Kleindiek* in Lutter/Hommelhoff GmbHG § 6 Rn 5.

dd) Persönliche Voraussetzungen

Geschäftsführer kann nur eine natürliche, unbeschränkt geschäftsfähige und „unbescholtene" Person sein (§ 6 Abs. 2 S. 1 GmbHG). In den letzten fünf Jahren vor seiner Berufung darf er nicht wegen der in § 6 Abs. 2 S. 2 GmbHG genannten Delikte rechtskräftig verurteilt worden sein. Hierzu zählen Insolvenzverschleppung, Bankrott, Gläubigerbegünstigung, Schuldnerbegünstigung, Verletzung der Buchführungspflicht und Bilanzdelikte (§§ 283 bis 283d StGB), eine Verurteilung wegen falscher Angaben nach § 82 GmbHG bzw. § 399 AktG oder wegen unrichtiger Darstellungen nach § 400 AktG, § 331 HGB, § 313 UmwG oder § 17 PublG. Auch eine Freiheitsstrafe von mindestens einem Jahr wegen Betrugs bzw. Unterschlagung (§§ 263 bis 264a, 265b bis 266b StGB) führt zum Ausschluss von einer Tätigkeit als Geschäftsführer.

Anforderungen an die Staatsangehörigkeit des Geschäftsführers sind gesetzlich nicht geregelt. Der ausländische Geschäftsführer muss lediglich in der Lage sein, jederzeit seinen Pflichten als Leitorgan der Gesellschaft nachzukommen. Nach zumindest bislang herrschender Meinung muss der Geschäftsführer berechtigt sein, in die Bundesrepublik Deutschland einzureisen[27]. Bei bestehender Visumspflicht und fehlender Aufenthaltsgenehmigung kann der Geschäftsführer nach dieser Auffassung seinen Pflichten nicht nachkommen, wodurch eine solche Person von der Bestellung zum Geschäftsführer einer deutschen GmbH ausgeschlossen wäre. Vor der Bestellung einer solchen Person ist deshalb die registerrechtliche Praxis am Sitz der Gesellschaft zu prüfen. EU-Bürger und Personen mit Wohnsitz im Ausland, für die keine Visumspflicht besteht, können dagegen ohne weiteres zum Geschäftsführer einer deutschen GmbH bestellt werden[28].

Juristische Personen, Personengesellschaften sowie Erben- oder sonstige Rechtsgemeinschaften können die Leitung einer GmbH nicht übernehmen. Auch beschränkt Geschäftsfähigen kann das Amt des Geschäftsführers nicht übertragen werden[29].

Das Gesetz sieht keine Anforderungen bezüglich unternehmerischer Fähigkeiten vor. In der Praxis wird die Gesellschaft selbst weitere Anforderungen an ihre Geschäftsführer stellen, da diese gerade für die Leitung eines Unternehmens maßgeblich sind. Oftmals werden daher spezifische Anforderungen im Gesellschaftsvertrag verankert[30].

---

[27] OLG Celle ZIP 2007, 1157 f.; OLG Frankfurt/Main FGPrax 2001, 124 f.; OLG Hamm FGPrax 1999, 233, 234; OLG Köln GmbHR 1999, 182, 183; a. A. OLG München NZG 2010, 157; OLG Düsseldorf NZG 2009, 678; OLG Dresden NZG 2003, 629; *Ries* NZG 2010, 298.

[28] *Hoffmann/Liebs* GmbH-Geschäftsführer Rn 2009; *Kleindiek* in Lutter/Hommelhoff GmbHG § 6 Rn 14.

[29] *Kleindiek* in Lutter/Hommelhoff GmbHG § 6 Rn 11.

[30] *Hoffmann/Liebs* GmbH-Geschäftsführer Rn 2010; *Kleindiek* in Lutter/Hommelhoff GmbHG § 6 Rn 33.

ee) Bestellung und Abberufung

Für die Bestellung des Geschäftsführers sind die Gesellschafter zuständig (§ 46 Nr. 5 GmbHG). Der Bestellungsbeschluss bedarf grundsätzlich der einfachen Mehrheit, eine größere Mehrheit kann im Gesellschaftsvertrag vorgesehen werden. Der Gesellschaftsvertrag kann die Kompetenz für die Bestellung einem Ausschuss, Beirat oder einer Gesellschaftergruppe zuweisen[31].

Der Aufsichtsrat ist für die Bestellung und Abberufung zuständig, wenn die Gesellschaft den Bestimmungen der Mitbestimmungsgesetze (aber nicht dem DrittelbG) unterliegt. In einem solchen Fall obliegt die Bestellung dem Aufsichtsrat. Die Amtszeit eines Geschäftsführers ist dann auf höchstens fünf Jahre beschränkt (§ 84 Abs. 1 S. 1 AktG, § 31 MitbestG)[32]. Die Dauer der Bestellung ist ansonsten gesetzlich nicht vorgeschrieben und liegt im Ermessen der Gesellschafter[33]. Eine wiederholte Bestellung oder Verlängerung ist zulässig; in diesem Fall ist ein neuer Beschluss notwendig.

Die Bestellung des Geschäftsführers wird erst dann wirksam, wenn der Bestellte sie annimmt[34]. Die Eintragung der Geschäftsführerbestellung im Handelsregister ist hingegen keine Wirksamkeitsvoraussetzung, sie hat nur deklaratorischen Charakter. Sie ist zum Schutz des Geschäftsverkehrs aber verbindlich vorgeschrieben (§§ 8, 10 GmbHG).

Der Widerruf der Bestellung liegt in der Zuständigkeit des Gesellschaftsorgans, das die Bestellung vorgenommen hat[35]. Nach § 38 Abs. 1 GmbHG kann der Geschäftsführer einer GmbH jederzeit und ohne Gründe mit sofortiger Wirkung abberufen werden[36]. Die jederzeitige Möglichkeit der Abberufung wird allgemein als Ausgleich für die weit reichenden Befugnisse des Geschäftsführers und die Unbeschränkbarkeit seiner Vertretungsmacht im Außenverhältnis angesehen. Die Abberufbarkeit kann durch entsprechende Regelung im Gesellschaftsvertrag aber auch an bestimmte Ereignisse und Tatbestände geknüpft werden[37]. Jedoch darf die Möglich-

---

[31] *Altmeppen* in Roth/Altmeppen GmbHG § 6 Rn 53; Wicke GmbHG § 46 Rn 15; *Hoffmann/Liebs* GmbH-Geschäftsführer Rn 2004

[32] *Kleindiek* in Lutter/Hommelhoff GmbHG § 6 Rn 41; *Hoffmann/Liebs* GmbH-Geschäftsführer Rn 2013.

[33] *Altmeppen* in Roth/Altmeppen GmbHG § 6 Rn 62; *Hoffmann/Liebs* GmbH-Geschäftsführer Rn 2006.

[34] *Kleindiek* in Lutter/Hommelhoff GmbHG § 6 Rn 42; *Hoffmann/Liebs* GmbH-Geschäftsführer Rn 2011.

[35] *Hoffmann/Liebs* GmbH-Geschäftsführer Rn 2019; *Altmeppen* in Roth/Altmeppen GmbHG § 38 Rn 11f., *Kleindiek* in Lutter/Hommelhoff GmbHG § 38 Rn 3.

[36] *Kleindiek* in Lutter/Hommelhoff GmbHG § 38 Rn 1; *Hoffmann/Liebs* GmbH-Geschäftsführer Rn 2020.

[37] *Kleindiek* in Lutter/Hommelhoff GmbHG § 38 Rn 7; *Altmeppen* in Roth/Altmeppen GmbHG § 38 Rn 29; *Oppenländer* in Oppenländer/Trölitzsch GmbH-Geschäftsführung § 9 Rn 13.

keit einer jederzeit möglichen Abberufung aus wichtigem Grund nicht beschränkt werden[38]. Ist der Geschäftsführer auf Lebenszeit oder bis zu einem bestimmten Lebensjahr oder für die Dauer der Gesellschaft bestellt, so kann eine Abberufung nur aus wichtigem Grund erfolgen[39].

ff) Anstellungsvertrag

Von der Organstellung eines Geschäftsführers ist das Anstellungsverhältnis zu unterscheiden. Der Geschäftsführer erlangt die Organstellung durch die Bestellung; das Anstellungsverhältnis wird hingegen durch Abschluss eines Vertrages begründet.

Die Unterscheidung zwischen Organstellung und Anstellungsverhältnis kann zwar im Einzelfall durch sogenannte Koppelungs- oder Gleichlaufklauseln durchbrochen sein[40]; sie ist aber insbesondere bei der Trennung von einem Geschäftsführer von erheblicher praktischer Bedeutung. Für die außerordentliche Beendigung eines Anstellungsvertrages bedarf es immer eines wichtigen Grundes gemäß § 626 BGB und auch der Einhaltung der Zwei-Wochen-Frist des § 626 Abs. 2 BGB. In der Praxis ist deshalb aus Sicht der Gesellschaft unbedingt darauf zu achten, mögliche Fehlerquellen bei der Abberufung des Geschäftsführers und der Kündigung seines Anstellungsvertrages zu vermeiden[41].

Auf der Seite der GmbH ist für den Abschluss eines Anstellungsvertrages mit dem Geschäftsführer nach § 46 Nr. 5 GmbHG grundsätzlich die Gesellschafterversammlung zuständig. Sofern die Gesellschaft unter das Mitbestimmungsgesetz fällt oder ein fakultativer Aufsichtsrat besteht, auf welchen durch die Satzung die Zuständigkeit zur Bestellung und Abberufung der Geschäftsführer übertragen worden ist (und somit auch die Kompetenz zum Abschluss des Anstellungsvertrages), ist der Aufsichtsrat zuständig[42].

Der Anstellungsvertrag enthält oftmals Regelungen zu den folgenden Bereichen[43]:

- Aufgaben und Zuständigkeiten
- Umfang der Geschäftsführung
- Verantwortlichkeit und Pflichten
- Arbeitszeit und Umfang der Tätigkeit/Nebentätigkeiten
- Bezüge/Sonstige Leistungen
- Urlaub

---

[38] *Altmeppen* in Roth/Altmeppen GmbHG § 38 Rn 28.

[39] *Kleindiek* in Lutter/Hommelhoff GmbHG § 38 Rn 9; *Altmeppen* in Roth/Altmeppen GmbHG § 38 Rn 30.

[40] Vgl. hierzu *Freund* GmbHR 2010, 117 ff.; *Grobys/Glanz* NJW 2007, 129 f.

[41] *Freund* GmbHR 2010 117, 123.

[42] *Altmeppen* in Roth/Altmeppen GmbHG § 35 Rn 21; *Jaeger* Der Anstellungsvertrag des GmbH-Geschäftsführers S. 58 f.

[43] Vgl. *Kühn* GmbH-Geschäftsführer S. 14 ff sowie den Musteranstellungsvertrag bei *Jaeger* Der Anstellungsvertrag des GmbH-Geschäftsführers S. 5 ff.

- Diensterfindungen
- Arbeitsmittel und Geschäftsunterlagen
- Verschwiegenheitspflicht
- Wettbewerbsverbot
- Vertragsdauer und Kündigung
- Versorgungszusagen
- Schlussbestimmungen.

Von besonderer Bedeutung für die Thematik der Haftung des Geschäftsführers ist es, dass der Anstellungsvertrag in der Regel einen Pflichtenkatalog für den Geschäftsführer enthält. Hierunter fallen neben Loyalitäts- und Verschwiegenheitspflichten oftmals auch eine interne Beschränkung der Geschäftsführungsbefugnis. Der Geschäftsführer ist gut beraten, wenn er die Pflichten, die ihm aus dem Anstellungsvertrag obliegen, genau einhält. Ansonsten drohen nicht nur Haftungsansprüche der Gesellschaft, sondern insbesondere auch die (fristlose) Kündigung des Anstellungsvertrages und somit der Verlust insbesondere der Vergütungsansprüche[44].

Der Geschäftsführer als Organgesellschaft ist nach der Rechtsprechung des Bundesgerichtshofs kein Arbeitnehmer im Sinne der Arbeitnehmerschutzbestimmung[45]. Der Anstellungsvertrag des gegen Vergütung tätigen Geschäftsführers ist demnach ein Dienstvertrag, auf welchen die §§ 611 ff. BGB Anwendung finden. Nach der Rechtsprechung des Bundesarbeitsgerichts ist hingegen das Vorliegen eines Arbeitsverhältnisses nicht zwingend aufgrund der Organstellung ausgeschlossen, ein Arbeitsverhältnis ist in extremen Ausnahmevorstellungen nach dieser Auffassung möglich[46]. Dies hat zur Folge, dass die Arbeitnehmerschutzbestimmungen, wie beispielsweise das Bundesurlaubsgesetz oder das Kündigungsschutzgesetz, nach Auffassung des Bundesgerichtshofs immer bzw. nach Auffassung des Bundesarbeitsgerichts im Regelfall nicht gelten. Nach Auffassung des Oberlandesgerichts Köln ist das allgemeine Gleichbehandlungsgesetz auf GmbH-Geschäftsführer anwendbar[47].

Aus Sicht der Gesellschaft ist bei der Abfassung des Anstellungsvertrages zwingend darauf zu achten, rechtswirksame und klare Regelungen in den Vertrag aufzunehmen. Ist der Anstellungsvertrag zur mehrfachen Verwendung vorgesehen, ergibt sich diese Notwendigkeit bereits daraus, dass der Fremdgeschäftsführer einer GmbH bei Abschluss seines Anstellungsvertrages nach Ansicht des Bundesarbeitsgerichts als Verbraucher handelt und somit die von der Gesellschaft gestellten Bedingungen als

---

[44] *Paefgen* in Ulmer/Habersack/Winter GmbHG § 38 Rn 67; *Seibt* NJW-Spezial 2004, 123.

[45] BGH GmbHR 2010, 808, 809; BGH GmbHR 2007, 606; vgl. hierzu *Lücke* NJOZ 2009, 3469 und *Jaeger* Der Anstellungsvertrag des GmbH-Geschäftsführers S. 47.

[46] BAG NZA 2006, 366, 367; BAG NZA 1999, 987; vgl. hierzu *Lücke* NJOZ 2009, 3469 und *Jaeger* Der Anstellungsvertrag des GmbH-Geschäftsführers S. 47.

[47] OLG Köln DB 2010, 1878.

allgemeine Geschäftsbedingungen gelten[48]. Gerade die für Geschäftsführer typischen Regelungen im Anstellungsvertrag wie Koppelungs- oder Freistellungsklauseln bzw. Vertragsstrafen müssen deshalb besonders sorgfältig formuliert werden.

Der Geschäftsführer ist bei Abschluss seines Anstellungsvertrages gut beraten, wenn er für ihn wesentliche Arbeitnehmerschutzbestimmungen dem Inhalt nach in seinen Anstellungsvertrag mit aufnehmen lässt. Dies gilt beispielsweise für Urlaubsansprüche. In Bezug auf die Geltung des Kündigungsschutzgesetzes ist es nach Auffassung des Bundesgerichtshofs zulässig, im Anstellungsvertrag die Geltung der immateriellen Regeln des Kündigungsschutzes zugunsten des Geschäftsführers zu vereinbaren[49]. In einem solchen Fall ist durch Auslegung des Vertrages festzustellen, ob sich die Gesellschaft in Anlehnung an § 9 f. KSchG gegen Abfindung aus dem Vertrag lösen kann[50]. Um Unklarheiten zu vermeiden, empfehlen sich klare Vertragsregelungen, sofern eine Geltung des Kündigungsschutzgesetzes aus der Sicht der Gesellschaft, für die dies in der Regel negativ ist[51], akzeptiert wird.

Sozialversicherungsrechtlich ist bei einem Fremd-Geschäftsführer, der in der Regel gegenüber der Gesellschaft persönlich abhängig ist, vom Bestehen eines sozialversicherungspflichtigen Beschäftigungsverhältnisses auszugehen. Dies ist von Bedeutung für die Arbeitslosen-, Kranken-, Renten-, Unfall- und Pflegeversicherung. Bei einem Gesellschafter-Geschäftsführer liegt im Regelfall keine sozialversicherungspflichtige Beschäftigung vor, und zwar insbesondere dann nicht, wenn der Gesellschafter-Geschäftsführer aufgrund seiner Beteiligung am Stammkapital einen beherrschenden Einfluss auf die Entscheidungen der Gesellschaft hat. Bei Gesellschafter-Geschäftsführern, deren Beteiligung am Stammkapital unter 50% liegt, ist dies jeweils im Einzelfall zu prüfen[52].

c) Die Gesellschafterversammlung

Die Gesellschafterversammlung ist das oberste Willensbildungsorgan und dominiert somit die Gesellschaft[53]. Die Gesellschafterversammlung setzt sich aus sämtlichen Gesellschaftern der GmbH zusammen. Zur Teilnahme ist grundsätzlich jeder Gesellschafter berechtigt, ganz gleich, ob sein Anteil voll einbezahlt ist, er ein Stimmrecht hat oder gemäß § 47 Abs. 4 GmbHG von der Abstimmung ausgeschlossen

---

48 BAG GWR 2010, 411.

49 BGH GmbHR 2010, 808; vgl. hierzu *Otte* GWR 2010, 344; *Stagat* NZA 2010, 975, 978 f.

50 BGH GmbHR 2010. 808, 810 f.

51 Vgl. *Otte* GWR 2010, 344.

52 *Weber* in Oppenländer/Trölitzsch GmbH-Geschäftsführung § 39 Rn 47; vgl. zur sozialversicherungrechtlichen Stellung des Geschäftsführers im Einzelnen *Jaeger* Der Anstellungsvertrag des GmbH-Geschäftsführers S. 61 ff. und *Kühn* GmbH-Geschäftsführer S. 26 ff.

53 *Wicke* GmbHG § 45 Rn 2; *Wellhöfer* in Wellhöfer/Peltzer/Müller Haftung § 8 Rn 16; *Waldner/Wölfel* So gründe und führe ich eine GmbH S. 121.

ist[54]. Geschäftsführer und Mitglieder des Aufsichtsrats oder anderer Beiräte haben hingegen kein Teilnahmerecht. Ihnen kann jedoch durch Gesellschaftsvertrag oder Gesellschafterbeschluss ein Teilnahmerecht eingeräumt werden[55]. Auch das Hinzuziehen von Sachverständigen oder Beratern bedarf eines Beschlusses der Gesellschafter oder einer entsprechenden Regelung im Gesellschaftsvertrag[56]. Der unberechtigte Ausschluss von Gesellschaftern oder deren Vertreter von der Gesellschafterversammlung führt zur Anfechtbarkeit sämtlicher in der Versammlung gefassten Beschlüsse[57].

aa) Zuständigkeiten

Die Zuständigkeiten der Gesellschafterversammlung ergeben sich aus einem umfassenden, aber nicht abschließenden und auch nicht zwingenden Katalog, der sich in § 46 GmbHG findet. Da die Gesellschafterversammlung das oberste Organ der GmbH und nach der Grundkonzeption des GmbH-Rechts grundsätzlich allzuständig ist, kann im Gesellschaftsvertrag von den Regelungen des § 46 abgewichen werden. Von dieser Möglichkeit wird in der Praxis zwar häufig Gebrauch gemacht, jedoch orientieren sich die meisten Satzungen an dem Zuständigkeitskatalog des § 46 GmbHG, der wie folgt lautet:

> *„1. Die Feststellung des Jahresabschlusses und die Verwendung des Ergebnisses;*
> *1a. die Entscheidung über die Offenlegung eines Einzelabschlusses nach internationalen Rechnungslegungsstandards (§ 325 Abs. 2a des Handelsgesetzbuchs) und über die Billigung des von den Geschäftsführern aufgestellten Abschlusses;*
> *1b. die Billigung eines von den Geschäftsführern aufgestellten Konzernabschlusses;*
> *2. die Einforderung der Einlagen;*
> *3. die Rückzahlung von Nachschüssen;*
> *4. die Teilung, die Zusammenlegung sowie die Einziehung von Geschäftsanteilen;*
> *5. die Bestellung und die Abberufung von Geschäftsführern sowie die Entlastung derselben;*
> *6. die Maßregeln zur Prüfung und Überwachung der Geschäftsführung;*
> *7. die Bestellung von Prokuristen und von Handlungsbevollmächtigten zum gesamten Geschäftsbetrieb;*
> *8. die Geltendmachung von Ersatzansprüchen, welche der Gesellschaft aus der Gründung oder Geschäftsführung gegen Geschäftsführer oder Gesellschafter zustehen, sowie die Vertretung der Gesellschaft in Prozessen, welche sie gegen die Geschäftsführer zu führen hat.“*

---

[54] *Bayer* in Lutter/Hommelhoff GmbHG § 48 Rn 1; *Zöllner* in Baumbach/Hueck GmbHG § 48 Rn 6.

[55] *Zöllner* in Baumbach/Hueck GmbHG § 48 Rn 11.

[56] *Roth* in Roth/Altmeppen GmbHG § 48 Rn 5; *Bayer* in Lutter/Hommelhoff GmbHG § 48 Rn 8; *Zöllner* in Baumbach/Hueck GmbHG § 48 Rn 13.

[57] *Roth* in Roth/Altmeppen GmbHG § 48 Rn 10; *Bayer* in Lutter/Hommelhoff GmbHG § 48 Rn 9; *Zöllner* in Baumbach/Hueck GmbHG § 48 Rn 15.

bb) Einberufung

Für die Einberufung der Gesellschafterversammlung ist gemäß § 49 Abs. 1 GmbHG grundsätzlich der Geschäftsführer zuständig. Der Geschäftsführer kann jederzeit eine Versammlung einberufen, wenn er dies nach pflichtgemäßem Ermessen für notwendig hält. Bei mehreren Geschäftsführern kann die Versammlung trotz Gesamtgeschäftsführung durch jeden einzelnen Geschäftsführer einberufen werden[58]. Eine Pflicht zur Einberufung ergibt sich dann, wenn es im Interesse der Gesellschaft erforderlich erscheint (§ 49 Abs. 2 GmbHG). Dies kann beispielsweise bei bedeutsamen oder außergewöhnlichen Geschäften, die in ihrer Struktur oder Größenordnung über den bisherigen Geschäftsbetrieb der Gesellschaft hinausgehen, der Fall sein[59]. Zu den gesetzlich ausdrücklich bestimmten Fällen der Einberufungspflicht gehört der Verlust der Hälfte des Stammkapitals (§ 49 Abs. 3 GmbHG), das Minderheitsverlangen von Gesellschaftern, deren Geschäftsanteile zusammen mindestens dem zehnten Teil des Stammkapitals entsprechen (§ 50 Abs. 1 GmbHG) sowie umwandlungsrechtliche Vorgänge (§§ 13 Abs. 1 S. 2, 125 Abs. 1, 193 Abs. 1 S. 2 UmwG).

Den einzelnen Gesellschaftern steht eine Einberufungskompetenz nur dann zu, wenn die Satzung dies vorsieht oder die Voraussetzungen des § 50 Abs. 3 GmbHG vorliegen. Die Gesellschafter können zudem eine Universalversammlung abhalten. Trotz fehlender Einberufung sind die gefassten Beschlüsse wirksam, wenn sämtliche Gesellschafter an dieser Versammlung teilgenommen haben (§ 51 Abs. 3 GmbHG).

Besteht ein obligatorischer Aufsichtsrat, so ist dieser einberufungsbefugt, wenn das Wohl der Gesellschaft es fordert (§ 52 Abs. 1 GmbHG i.V.m. § 111 Abs. 3 AktG). Für einen fakultativen Aufsichtsrat ist die Einberufungsbefugnis hingegen satzungsdispositiv[60]. Dritte können nur aufgrund einer Regelung im Gesellschaftsvertrag zur Einberufung ermächtigt werden.

Die Gesellschafterversammlung muss per eingeschriebenen Brief mindestens eine Woche vor der Versammlung einberufen werden (§ 51 Abs. 1 GmbHG). In der Praxis erfolgt die Ankündigung der Tagesordnung bereits mit der Einberufung, sie muss aber spätestens drei Tage vor der Versammlung erfolgen (§ 51 Abs. 4 GmbHG). Ist die Versammlung nicht ordnungsgemäß einberufen, können Beschlüsse rechtssicher nur gefasst werden, wenn sämtliche Gesellschafter daran teilnehmen (Vollversammlung)[61]. Eine Vollversammlung heilt alle Mängel der Einberufung und der Tagesordnung.

---

[58] *Bayer* in Lutter/Hommelhoff GmbHG § 49 Rn 2; *Zöllner* in Baumbach/Hueck GmbHG § 49 Rn 3.

[59] *Geißler* GmbR 2010, 457, 461; *Wicke* GmbHG § 49 Rn 6.

[60] *Bayer* in Lutter/Hommelhoff GmbHG § 49 Rn 6; *Zöllner* in Baumbach/Hueck GmbHG § 49 Rn 6.

[61] *Roth* in Roth/Altmeppen GmbHG § 51 Rn 16; *Bayer* in Lutter/Hommelhoff GmbHG § 48 Rn 31.

cc) Weisungsbefugnis

Die Gesellschafter üben durch die Gesellschafterversammlung ihre weit reichende Weisungsbefugnis gegenüber dem Geschäftsführer aus. Der Geschäftsführer unterliegt hierbei einer Folgepflicht[62]. Die Vertretungsbefugnis des Geschäftsführers kann durch die in der Gesellschafterversammlung gefassten Beschlüsse beschränkt werden (§ 37 Abs. 1 GmbHG). Gesellschafterbeschlüsse können neben generellen Schranken, die ähnlich der Schranken in dem Gesellschaftsvertrag die generellen Befugnisse des Geschäftsführers beschränken, einzelne Bestimmungen für konkrete Angelegenheiten der Geschäftsführung enthalten. Dabei sind positive Weisungen zur Vornahme gewisser Maßnahmen wie auch verbietende Anordnungen an den Geschäftsführer denkbar. Möglich ist auch eine Regelung, wonach der Geschäftsführer bestimmte Entscheidungen nur mit Zustimmung der Gesellschafterversammlung vornehmen darf.

Anweisungen einzelner Gesellschafter sind generell unbeachtlich[63]. Jedoch besteht für die Gesellschafter die Möglichkeit, das Weisungsrecht auf einen einzelnen Gesellschafter oder auf eine andere gesellschaftsinterne Stelle (z.B. Beirat) durch einfachen Gesellschafterbeschluss zu übertragen. Dies ist für einzelne Maßnahmen und auch für eng begrenzte Geschäftsarten zulässig; eine Übertragung der Weisungsbefugnis schlechthin ist jedoch nicht zulässig[64].

Bei einer GmbH, bei der es nur einen Gesellschafter gibt, ist der Alleingesellschafter zur Erteilung von Weisungen an die Geschäftsführung berechtigt, ohne dass es der Abhaltung einer formellen Gesellschafterversammlung bedarf[65]. Die Weisung des Alleingesellschafters kann demnach direkt gegenüber dem Geschäftsführer erteilt werden. Zu Nachweiszwecken sollte der Geschäftsführer auf die Erteilung der Weisung möglichst in schriftlicher Form hinwirken. Sofern Unklarheiten über die Bevollmächtigung des Weisungserteilers bestehen, sollte dies dem Alleingesellschafter unverzüglich mitgeteilt und um Bestätigung der Bevollmächtigung gebeten werden[66].

Die Art und Häufigkeit der Weisungen liegt im Ermessen der Gesellschafter. Es existieren keine gesetzlichen Anforderungen, wann die Gesellschafter den Geschäftsführer anweisen müssen. Auch die Art der Weisung ist nicht vorbestimmt. So können auch wirtschaftlich unzweckmäßige Weisungen erteilt werden[67]. Jedoch kann der Geschäftsführer die Ausführung der unzweckmäßigen Weisung temporär aussetzten, um die Gesellschafter auf seine Bedenken hinzuweisen. Dies gilt auch

---

[62] *Kleindiek* in Lutter/Hommelhoff GmbHG § 37 Rn 17.
[63] *Kleindiek* in Lutter/Hommelhoff GmbHG § 37 Rn 17.
[64] *Kleindiek* in Lutter/Hommelhoff GmbHG § 37 Rn 21.
[65] *Wisskirchen/Kuhn* in Ziemons/Jaeger BeckOK GmbHG § 37 Rn 17.
[66] *Hoffmann/Liebs* GmbH-Geschäftsführer Rn 4002.
[67] *Kleindiek* in Lutter/Hommelhoff GmbHG § 37 Rn 18.

für Weisungen, die aufgrund veränderter Umstände nicht mehr zweckmäßig erscheinen.

Verstößt eine Weisung gegen die Verbote in §§ 30 oder 33 GmbHG oder ist eine rechtswidrige Weisung nichtig oder läuft diese öffentlich-rechtlichen Pflichten zuwider, darf der Geschäftsführer dieser Weisung nicht nachkommen[68]. Folgt er dennoch einer solchen Weisung, verstößt er gegen seine Pflichten und macht sich schadenersatzpflichtig (§ 43 GmbHG).

Bei einer anfechtbaren Weisung, die noch nicht angefochten wurde, steht dem Geschäftsführer ein Ermessensspielraum zu. Nach Abwägung der widerstreitigen Interessen kann er die Ausführung der Weisung vorläufig verweigern[69]. Wurde der anfechtbare Weisungsbeschluss in der Zwischenzeit unanfechtbar, darf der Geschäftsführer diesem Folge leisten.

Die häufigsten Rechtsprobleme beruhen auf Weisungen, die den Bestimmungen der Satzung zuwiderlaufen und den Geschäftsführer dazu anhalten, die statutarischen Grenzen der Geschäftsführungsbefugnis zu überschreiten[70]. Eine weitere Möglichkeit einer satzungswidrigen Weisung ist das Eingreifen in Geschäftsführungsbereiche, die aufgrund von Satzungsbestimmungen dem Geschäftsführer vorbehalten sind. Im ersteren Fall ist der Geschäftsführer verpflichtet, den Weisungen zu folgen. Im zweiten Fall ist die Weisung verbindlich, wenn der Gesellschafterbeschluss wirksam und nicht bzw. nicht mehr anfechtbar ist[71]. Bei einer anfechtbaren satzungswidrigen Weisung hat der Geschäftsführer wie auch bei rechtswidrigen Weisung die widerstreitigen Interessen abzuwägen und kann die Ausführung vorläufig verweigern[72].

dd) Beschlussfassung

Zur Beschlussfassung der Gesellschafter bedarf es nicht immer der Durchführung einer formellen Gesellschafterversammlung. Lediglich in den durch Gesetz explizit bestimmten Fällen ist das Abhalten einer Gesellschafterversammlung zwingend vorgeschrieben. Besteht keine gesetzliche Pflicht zur Abhaltung einer Gesellschafterversammlung, ist eine präsenzlose Beschlussfassung zulässig. Die Beschlussfassung kann entweder durch eine einstimmige Beschlussfassung in Textform (§ 48 Abs. 2 Alt. 1 GmbHG) oder durch eine schriftliche Abstimmung bei allseitigem Einverständnis mit der Art der Beschlussfassung erfolgen (§ 48 Abs. 2 Alt. 2 GmbHG).

---

[68] *Altmeppen* in Roth/Altmeppen GmbHG § 37 Rn 18; *Kleindiek* in Lutter/Hommelhoff GmbHG § 37 Rn 22.

[69] *Kleindiek* in Lutter/Hommelhoff GmbHG § 37 Rn 22; *Altmeppen* in Roth/Altmeppen GmbHG § 37 Rn 17.

[70] *Altmeppen* in Roth/Altmeppen GmbHG § 37 Rn 16.

[71] *Altmeppen* in Roth/Altmeppen GmbHG § 37 Rn 16.

[72] *Wicke* GmbHG § 37 Rn 5; *Altmeppen* in Roth/Altmeppen GmbHG § 37 Rn 17.

d) Der Aufsichtsrat

Im Gegensatz zur Aktiengesellschaft ist ein Aufsichtsrat bei der GmbH als Gesellschaftsorgan entbehrlich[73]. Nur in gesetzlich geregelten Fällen der Mitbestimmung (u.a. § 4 Abs. 1 DrittelbG; § 6 Abs. 1 MitbestG; § 3 Abs. 1 MontanMitbestG) ist ein Aufsichtsrat obligatorisch. Zudem ist die Einrichtung eines fakultativen Aufsichtsrats im Gesellschaftsvertrag möglich.

aa) Der fakultative Aufsichtsrat

Im Gesellschaftsvertrag kann die Errichtung eines fakultativen Aufsichtsrates vorgesehen werden. In der Regel werden im Gesellschaftsvertrag auch Regelungen zur Größe und Zusammensetzung des Aufsichtsrates und zur Kompetenz, inneren Ordnung und Beschlussfassung getroffen[74]. Auch Regelungen zum Maß der Sorgfalt und der Haftung der Aufsichtsratsmitglieder sind möglich[75]. Enthält die Satzung keine Regelungen zu Kompetenzen und zur inneren Ordnung des Aufsichtsrates, sind gemäß § 52 Abs. 1 GmbHG die entsprechend geltenden Regelungen im Aktienrecht anwendbar.

Zu den Aufgaben des Aufsichtsrats in der GmbH gehört in erster Linie die Überwachung, Kontrolle und Beratung der Geschäftsführung (§ 111 Abs. 1 AktG). Um diesen Aufgaben sachgerecht nachkommen zu können, ist der Aufsichtsrat berechtigt, jederzeit die Bücher und Schriften der Gesellschaft sowie deren Vermögensgegenstände einzusehen und zu prüfen (§ 111 Abs. 2 AktG). Weitere wesentliche Aufgaben des Aufsichtsrats sind in der Regel die Mitwirkung bei der Prüfung des Jahresabschlusses (§ 42a Abs. 1 GmbHG) und in entsprechender Anwendung des § 111 Abs. 4 S. 2 AktG die Zustimmung zu bestimmten Geschäftsführungsmaßnahmen.

bb) Der obligatorische Aufsichtsrat

Die obligatorische Einrichtung eines Aufsichtsrats ergibt sich aus den jeweils anwendbaren Fällen der Mitbestimmung. Hierunter fallen unter anderem die Regelungen in dem Mitbestimmungsgesetz, dem Drittelbeteiligungsgesetz und dem Montan-Mitbestimmungsgesetz[76]. Verfügt die Gesellschaft über mehr als 500 Mitarbeiter, so schreibt § 4 Abs. 1 i.V.m. § 1 Abs. 1 Nr. 3 DrittelbG die Einrichtung eines Aufsichtsrats vor und verweist autonom auf die Vorschriften des Aktiengesetzes. Die Pflicht zur Einrichtung eines Aufsichtsrats besteht weiterhin bei dem Betrieb eines Unternehmens mit mehr als 2000 Arbeitnehmern (§ 6 Abs. 1 i.V.m. § 1

[73] Vgl. zur Rechtslage bei der Aktiengesellschaft Ek/von Hoyenberg Aktiengesellschaften S. 121 ff.

[74] *Lutter* in Lutter/Hommelhoff GmbHG § 52 Rn 5; *Wicke* GmbHG § 52 Rn 2.

[75] *Zöllner/Noack* in Baumbach/Hueck GmbHG § 52 Rn 24.

[76] *Altmeppen* in Roth/Altmeppen GmbHG § 52 Rn 57; *Wicke* GmbHG § 52 Rn 14.

Abs. 1 MitbestG). Auch der Betrieb eines Unternehmens, welches unter das Montanmitbestimmungsgesetz fällt, schreibt die Einrichtung eines Aufsichtsrats vor, sollten mehr als 1000 Arbeitnehmer beschäftigt werden. Auch nach dem Montanmitbestimmungsgesetz finden neben den dort genannten Bestimmungen die Vorschriften des Aktienrechts sinngemäß Anwendung (§ 3 MontanMitbestG). § 52 Abs. 1 GmbHG findet keine Anwendung auf den obligatorischen Aufsichtsrat.

Der obligatorische Aufsichtsrat setzt sich je nach anwendbarem Recht unterschiedlich zusammen. Nach dem Drittelbeteiligungsgesetz ist der Aufsichtsrat mit mindestens drei Mitgliedern auszustatten, die Höchstgrenze bestimmt sich nach § 95 AktG. Die Arbeitnehmer stellen hierbei ein Drittel der Aufsichtsratsmitglieder. Der obligatorische Aufsichtsrat nach dem Mitbestimmungsgesetz setzt sich gemäß § 7 Abs. 1 MitbestG abhängig von der Anzahl der Arbeitnehmer aus mindestens zwölf Mitgliedern zusammen, wobei die Hälfte von Arbeitnehmervertretern gestellt wird. Im Montanbereich ist ein Aufsichtsrat mit elf Mitgliedern vorgeschrieben, bestehend aus vier Vertretern der Anteilseigner, vier Vertretern der Arbeitnehmer und einem weiteren Mitglied (§ 4 Abs. 1 MontanMitbestG). Die persönlichen Voraussetzungen an die Mitglieder und die Bestellung und Abberufung sind je nach anwendbarem Recht unterschiedlich geregelt[77].

Die Kompetenz des obligatorischen Aufsichtsrats kann durch den Gesellschaftsvertrag erweitert, jedoch nicht verringert werden[78]. Nach dem Mitbestimmungsgesetz und Montanmitbestimmungsgesetz hat der Aufsichtsrat eine zwingende Personalkompetenz über die Geschäftsführung[79]. Der Geschäftsführer wird von dem Aufsichtsrat bestellt und abberufen (§§ 31 MitbestG, 12 MontanMitbestG, 84 AktG). § 112 AktG findet bei dem obligatorischen Aufsichtsrat zwingend Anwendung. Geschäftsführern gegenüber vertritt der Aufsichtsrat die Gesellschaft gerichtlich und außergerichtlich.

Die Geschäftsführung oder einzelne Maßnahmen können dem Aufsichtsrat nicht übertragen werden. Der Gesellschaftsvertrag oder der Aufsichtsrat können jedoch bestimmen, dass bestimmte Arten von Rechtsgeschäften nur mit seiner Zustimmung vorgenommen werden dürfen (§ 111 Abs. 4 AktG)[80]. Hierbei muss die Weisungskompetenz der Gesellschafter nach § 37 Abs. 1 GmbHG erhalten bleiben. Eine rechtmäßige Weisung der Gesellschafter hat stets Vorrang[81].

---

[77] Vgl. zu den Regelungen nach DrittelbG: *Lutter* in Lutter/Hommelhoff GmbHG § 52 Rn 37; *Zöllner/Noack* in Baumbach/Hueck GmbHG § 52 Rn 144 ff.; zu den Regelungen nach MitbestG: *Zöllner/Noack* in Baumbach/Hueck GmbHG § 52 Rn 270 ff.; zu den Regelungen nach MontanMitbestG: *Zöllner/Noack* in Baumbach/Hueck GmbHG § 52 Rn 309 ff.

[78] *Lutter* in Lutter/Hommelhoff GmbHG § 52 Rn 47.

[79] *Altmeppen* in Roth/Altmeppen GmbHG § 52 Rn 53; *Zöllner/Noack* in Baumbach/Hueck GmbHG § 52 Rn 302.

[80] *Altmeppen* in Roth/Altmeppen GmbHG § 52 Rn 54.

[81] *Altmeppen* in Roth/Altmeppen GmbHG § 52 Rn 56.

2. Geschäftsführer als Haftungsadressat

a) Allgemeines

In der Praxis steht der Geschäftsführer als Haftungsadressat im Vordergrund. Er ist zur Vertretung der Gesellschaft berufen und leitet die Gesellschaft unter eigener Verantwortung (§ 35 Abs. 1 GmbHG). Er trifft daher die Unternehmensentscheidungen und handelt für die Gesellschaft. Dem ordentlichen Geschäftsführer gleichgestellt sind die stellvertretenden Geschäftsführer (§ 44 GmbHG). Die Stellvertretereigenschaft hat lediglich interne Bedeutung. Im Außenverhältnis unterscheidet sich der stellvertretende Geschäftsführer nicht von dem ordentlichen Geschäftsführer und handelt daher im Außenverhältnis mit gleicher Vertretungsmacht[82].

b) Fehlerhaft bestelltes und faktisches Organ

Geschäftsführer ist, wer hierzu bestellt worden ist[83]. Auf die Wirksamkeit oder Fehlerhaftigkeit der Bestellung kommt es nicht an. Der fehlerhaft bestellte Geschäftsführer unterliegt bis zur Geltendmachung des Mangels der gleichen Rechts- und Pflichtenstellung und somit der gleichen Organhaftung wie ein korrekt bestellter Geschäftsführer[84].

Eine Haftung des faktischen Geschäftsführers, d.h. einer Person, die als Geschäftsführer auftritt, ohne hierzu bestellt worden zu sein, ist vom Ausgangspunkt schwerer herleitbar, da ein Bestellungsakt gänzlich fehlt. Der faktische Geschäftsführer ist dann Pflichtenträger und Haftungsadressat, wenn er mit Wissen der Gesellschaft tatsächlich Geschäftsführungsaufgaben wahrnimmt. Hierzu zählt auch das Agieren aus dem Hintergrund, während ein förmlich bestellter Geschäftsführer als „Strohmann" nach Außen fungiert[85]. Ist dieser „Strohmann" nicht geeignet, die Gesellschaft zu führen, machen sich auch die Gesellschafter haftbar, soweit sie vorsätzlich oder grob fahrlässig gehandelt haben. Sie haften solidarisch für den Schaden, der dadurch entsteht, dass diese Person die ihr gegenüber der Gesellschaft bestehenden Obliegenheiten verletzt (§ 6 Abs. 5 GmbHG). Eine interne Einflussnahme alleine reicht nicht aus, um als faktischer Geschäftsführer zu gelten. Aus diesen Gründen sind Alleingesellschafter oder Mehrheitsgesellschafter in der Regel keine faktische Geschäftsführer. Vielmehr bedarf es eines nach außen hervortretenden Geschäftsführerhandelns, das die Tätigkeit des faktischen Geschäftsführers nachhaltig prägt[86].

---

[82] *Zöllner/Noack* in Baumbach/Hueck GmbHG § 44 Rn 7; *Altmeppen* in Roth/Altmeppen GmbHG § 44 Rn 2.

[83] *Zöllner/Noack* in Baumbach/Hueck GmbHG § 35 Rn 2.

[84] *Zöllner/Noack* in Baumbach/Hueck GmbHG § 35 Rn 8.

[85] *Kleindiek* in Lutter/Hommelhoff GmbHG § 43 Rn 2; *Zöllner/Noack* in Baumbach/Hueck GmbHG § 43 Rn 3.

[86] *Kleindiek* in Lutter/Hommelhoff GmbHG § 43 Rn 2; *Zöllner/Noack* in Baumbach/Hueck GmbHG § 43 Rn 3.

c) Haftung des Geschäftsführers für Fehlverhalten anderer Geschäftsführer

Bei mehreren Geschäftsführern ist innerhalb einer Gesellschaft je nach Größe eine Geschäftsverteilung auf die einzelnen Geschäftsführer sinnvoll. Insbesondere eine Aufteilung nach funktionalen Ressorts (wie z.B. Produktion, Betrieb, Personal, Finanzen etc.) kommt hierbei in Betracht, wobei den Geschäftsführern einzelne Ressorts zugeteilt werden. Dabei ist der jeweilige Geschäftsführer zunächst einmal nur für sein Ressort zuständig. Für ein Fehlverhalten haftet nur der handelnde Geschäftsführer[87]. Jedoch führt ein Fehlverhalten, dass dem handelnden Geschäftsführer angelastet wird, trotz der alleinigen Zuständigkeit für einen bestimmten Bereich nicht unbedingt zu einem Haftungsausschluss der übrigen „unbeteiligten" Geschäftsführer.

Zum einen bleibt die Gesamtverantwortung aller Geschäftsführer bestehen, wenn keine wirksame Aufteilung der Zuständigkeiten erfolgt ist. Hierfür bedarf es einer Regelung in der Satzung, eines Gesellschaftsbeschlusses oder einer ausdrücklichen Absprache der Geschäftsführer i.d.R. in Form einer Geschäftsordnung, damit die Gesamtverantwortung der Geschäftsführer durchbrochen wird[88]. Zum anderen unterliegen sämtliche Geschäftsführer einer gegenseitigen Kontrollpflicht. Jeder Geschäftsführer hat sich über alle wesentlichen Angelegenheiten der Gesellschaft zu informieren. Dies beinhaltet neben seinem ihm zugeteilten Ressort auch die Aufgabenbereiche der Mitgeschäftsführer[89]. Sollte ersichtlich sein, dass ein Geschäftsführer die Erfüllung seiner Aufgabe nicht ordnungsgemäß wahrnimmt, besteht für die anderen Geschäftsführer eine Eingriffspflicht[90]. Verletzt ein Geschäftsführer seine Überwachungs- und Eingriffspflicht und kommt es zu einem Fehlverhalten eines anderen Geschäftsführers, ist er gemäß § 43 Abs. 2 GmbHG selbst haftbar[91].

3. Mehrheit von haftenden Geschäftsführern

Beruht ein Schaden der Gesellschaft auf dem Verhalten mehrerer Geschäftsführer, von denen jeder die Voraussetzungen einer anspruchsbegründenden Haftungsnorm erfüllt, so haften die Geschäftsführer grundsätzlich als Gesamtschuldner. § 43 Abs. 2 GmbHG regelt explizit die solidarische Haftung sämtlicher Geschäftsführer. Dazu wird es beispielsweise kommen, wenn zwar nach der internen Geschäftsverteilung die Zuständigkeit eines bestimmten Geschäftsführers besteht, die anderen Geschäftsführer aber ihre Überwachungs- und Eingriffspflichten verletzt haben[92]. So-

---

[87] *Altmeppen* in Roth/Altmeppen GmbHG § 43 Rn 21.

[88] *Leuering/Dornhegge* NZG 2010, 13, 14 f.; *Wicke* GmbHG § 37 Rn 9.

[89] *Kleindiek* in Lutter/Hommelhoff GmbHG § 43 Rn 21.

[90] *Altmeppen* in Roth/Altmeppen GmbHG § 43 Rn 23.

[91] *Kleindiek* in Lutter/Hommelhoff GmbHG § 43 Rn 21.

[92] *Hoffmann/Liebs* GmbH-Geschäftsführer Rn 7012; *Kleindiek* in Lutter/Hommelhoff GmbHG § 43 Rn 21.

weit es um Außenhaftungsansprüche Dritter gegenüber den Geschäftsführern geht, ergibt sich die Gesamtschuldnerschaft in der Regel aus dem allgemeinen Deliktsrecht, insbesondere aus § 840 Abs. 1 BGB[93].

Die gesamtschuldnerische Haftung führt zur Anwendbarkeit der §§ 421 ff. BGB. Danach ist jeder mithaftende Geschäftsführer verpflichtet, in voller Höhe Ersatz zu leisten. Die Geschäftsführer tragen den Schaden gemäß § 426 Abs. 1 BGB untereinander in der Regel zu gleichen Teilen, sofern sich nicht insbesondere aus § 254 BGB etwas anderes ergibt. Daher kann sich im Innenverhältnis zwischen den haftenden Geschäftsführern ein anderer Verteilungsschlüssel ergeben, wenn auf sie ein unterschiedlicher Verschuldensmaßstab anzuwenden ist.

4. Gesellschafter als Haftungsadressaten

Für Verbindlichkeiten der Gesellschaft gegenüber Gläubigern haftet grundsätzlich die Gesellschaft mit ihrem Gesellschaftsvermögen (Trennungsprinzip – § 13 Abs. 2 GmbHG). Die Gesellschafter haften demnach nicht für die Verbindlichkeiten der Gesellschaft[94]. Dies gilt auch, wenn die Stammeinlage noch nicht vollständig einbezahlt ist. In diesem Fall haftet der Gesellschafter für die restliche Stammeinlage, nicht jedoch für Verbindlichkeiten der Gesellschaft selbst[95]. Im Folgenden soll die Thematik der Gesellschafter als Haftungsadressat nur kurz skizziert werden.

Eine Haftung der Gesellschafter kann sich in Einzelfällen ergeben. Hierzu gehören beispielsweise die Übernahme einer vertraglichen Haftung für Verbindlichkeiten der Gesellschaft, wenn der Gesellschafter den Eindruck erweckt, er wolle persönlich haften (Rechtsscheinhaftung), oder auch, wenn der Gesellschafter eine persönliche Garantenstellung gegenüber Gläubigern der Gesellschaft einnimmt[96].

Besonders praxisrelevant ist die Durchbrechung des Trennungsprinzips, um die Gesellschafter persönlich haftbar zu machen und dadurch auf das persönliche Vermögen der Gesellschafter zurückgreifen zu können. Dies ist dann möglich, wenn das Verhalten der Gesellschafter dem Sinn und Zweck des § 13 Abs. 2 GmbHG zuwiderläuft[97]. Zu den hierunter fallenden Tatbeständen gehört unter anderem die Vermögensvermischung, die Unterkapitalisierung und die Sphärenvermischung[98].

---

[93] *Thümmel* Persönliche Haftung von Managern und Aufsichtsräten Rn 65.

[94] *Hueck/Fastrich* in Baumbach/Hueck GmbHG § 13 Rn 40; *Lutter* in Lutter/Hommelhoff GmbHG § 13 Rn 5; *Altmeppen* in Roth/Altmeppen GmbHG § 13 Rn 65 f.

[95] *Lutter* in Lutter/Hommelhoff GmbHG § 13 Rn 5; *Froning* in Sudhoff Unternehmensnachfolge § 45 Rn 115.

[96] *Hueck/Fastrich* in Baumbach/Hueck GmbHG § 13 Rn 42; *Froning* in Sudhoff Unternehmensnachfolge § 45 Rn 115; *Altmeppen* in Roth/Altmeppen GmbHG § 13 Rn 68 ff.

[97] *Lutter* in Lutter/Hommelhoff GmbHG § 13 Rn 11; *Hueck/Fastrich* in Baumbach/Hueck GmbHG § 13 Rn 11.

[98] Vgl. im Einzelnen *Lutter* in Lutter/Hommelhoff GmbHG § 13 Rn 14 ff.

Ein praxisrelevanter Tatbestand, der früher zu einer Durchgriffshaftung führte, ist der so genannte existenzvernichtende Eingriff[99]. Der Bundesgerichtshof hat sich in seiner „Trihotel"-Entscheidung jedoch von der Rechtsfigur der Durchgriffshaftung bei existenzvernichtendem Eingriff entfernt[100]. Die missbräuchliche Schädigung des im Gläubigerinteresse zweckgebundenen Gesellschaftsvermögens führt nach Ansicht des Bundesgerichtshofs zu einer Innenhaftung des Gesellschafters gegenüber der Gesellschaft nach § 826 BGB[101].

Anspruchsinhaber ist die Gesellschaft selber, in der Insolvenz vertreten durch den Insolvenzverwalter. Ein unmittelbares Vorgehen der Gesellschaftsgläubiger gegen den Gesellschafter oder den Geschäftsführer ist nicht (mehr) möglich[102]. Schuldner ist derjenige, der durch einen tatsächlichen Einfluss einen existenzvernichtenden Eingriff vornimmt. Dies ist meist der Gesellschafter, jedoch kann sich auch der Geschäftsführer sowohl nach §§ 826, 830 BGB als auch nach § 43 Abs. 2 GmbHG haftbar machen[103]. Eine Haftung nach § 826 BGB setzt zumindest bedingten Vorsatz voraus[104].

Eine Haftung aufgrund eines existenzvernichtenden Eingriffs ergibt sich *für missbräuchliche, zur Insolvenz der Gesellschaft führende oder diese vertiefende kompensationslose Eingriffe in deren Gesellschaftsvermögen*[105]. Eine von vornherein nicht ausreichende finanzielle Ausstattung der Gesellschaft stellt keinen Entzug von Vermögenswerten der Gesellschaft dar[106]. Der Eingriff in das Vermögen muss existenzvernichtend sein, der Eingriff muss also zur Insolvenz der Gesellschaft geführt haben. Unwichtig ist, ob der Eingriff kausal für die Insolvenz der Gesellschaft ist oder die bereits bestehende Insolvenz vertieft hat[107]. Fallkonstellationen sind beispielsweise:

- der Entzug der liquiden Mittel in einem Konzern, so dass die Tochtergesellschaft ihre Verbindlichkeiten nicht mehr erfüllen kann[108];
- die Übernahme sämtlicher Aktiva bei gleichzeitiger Übernahme von im Vergleich nur geringfügigen Verbindlichkeiten[109];
- die Umverlagerung des Vermögens der GmbH durch deren Geschäftsführer und der Verlagerung auf eine Schwestergesellschaft, um einen Zugriff der Gesell-

---

[99] Vgl. hierzu *Lutter* in Lutter/Hommelhoff GmbHG § 13 Rn 28 ff.

[100] BGH NJW 2007, 2689

[101] Vgl. hierzu *Altmeppen* in Roth/Altmeppen GmbHG § 13 Rn 76; *Lutter* in Lutter/Hommelhoff GmbHG § 13 Rn 28.

[102] BGH NJW 2007, 2689, 2693; *Drescher* GmbH-Geschäftsführer Rn 446

[103] *Drescher* GmbH-Geschäftsführer Rn 446.

[104] BGHZ 173, 246, 262; *Lutter* in Lutter/Hommelhoff GmbHG § 13 Rn 42.

[105] BGH NJW 2007, 2689, 2690.

[106] BGH NJW 2008, 2437, 2438; *Kleindiek* NZG 2008, 686; *Waclawik* DStR 2008, 1486.

[107] BGH NJW 2002, 1803; *Kleindiek* NZG 2008, 686.

[108] BGH NJW 2001, 3622; *Fleischer* NJW 2004, 2867, 2868; *Hoffmann* NZG 2002, 68, 68 f.

[109] BGH NJW 2002, 3024

schaftsgläubiger zu verhindern, um auf diese Weise das von der Gesellschaft betriebene Unternehmen ohne Rücksicht auf die entstandenen Schulden fortführen zu können[110];
- wenn wie im Fall „Trihotel“ sämtliche sachlichen Betriebsmittel aus der Gesellschaft genommen werden und diese lediglich noch als Geschäftsbesorgerin tätig ist, ohne hierfür eine angemessene Vergütung zu erhalten oder wenn die vereinbarte angemessene Vergütung im Nachhinein auf ein unangemessenes Maß herab gesetzt wird[111];
- die Zahlung einer zusätzlichen Vergütung an die Geschäftsleitung während sich die Gesellschaft in einer Krise befindet[112].

Nicht unter den Tatbestand des existenzvernichtenden Eingriffs fallen aber beispielsweise:

- eine bloße Vermögensminderung, wenn der Gesellschaft im Gegenzug auch Vermögen zugeführt wird[113];
- die Aufgabe der Geschäfte der Gesellschaft und Übernahme des Kundenstamms, wenn hierfür ein angemessener Ausgleich geleistet wird[114];
- unternehmerische Entscheidungen, die sich zwar im Nachhinein als Fehler erweisen, jedoch unter die Business Judgement Rule fallen[115];
- eine Sicherungsübereignung von Gegenständen, die für den Betrieb der Gesellschaft benötigt werden, jedoch auch weiterhin von der Gesellschaft genutzt werden können[116].

Schadenersatzpflichtig ist der Gesellschafter grundsätzlich für den Betrag, der zum Ausgleich des zur Insolvenz führenden Eingriff erforderlich ist[117]. Der geschuldete Betrag ist auf die Höhe begrenzt, den die Gesellschaftsgläubiger bei einem redlichen Verhalten des Geschäftsführers aus dem Gesellschaftsvermögen erhalten hätten[118]. Ist ein Eingriff in das Gesellschaftsvermögen wie in der Trihotel-Entscheidung des BGH ohne ausreichende Gegenleitung erfolgt, so ist die Haftung des Schuldigen auf die Höhe einer angemessenen Gegenleistung beschränkt[119].

---

[110] BGH NJW 2005, 145; *Lutter* in Lutter/Hommelhoff GmbHG § 13 Rn 28.
[111] BGH NJW 2007, 2689; *Altmeppen* NJW 2007, 2657, 2658.
[112] BGH GMBHR 2008, 322.
[113] BGH NJW 2002, 1803.
[114] BGH NZG 2005, 177.
[115] BGH NZG 2005, 214.
[116] BGH NJW 2007, 2689.
[117] *Drescher* GmbH-Geschäftsführer Rn 458.
[118] BGH NJW-RR 2005, 335.
[119] BGH NJW 2007, 2689.

5. Aufsichtsratsmitglieder als Haftungsadressaten

Aufsichtsratsmitglieder unterliegen dem Sorgfaltsmaßstab eines ordentlichen und gewissenhaften Geschäftsleiters (bzw. ordentlichen Geschäftsführers). Verletzt ein Aufsichtsratsmitglied seine Organpflichten, so haften es hierfür nach § 52 Abs. 1 GmbHG i.V.m. §§ 93 Abs. 1, 2, 116 AktG. Dieses gilt sowohl für den obligatorischen als auch den fakultativen Aufsichtsrat. Der Schadenersatzanspruch steht nur der Gesellschaft zu und richtet sich persönlich gegen das Aufsichtsratsmitglied, nicht gegen das Organ selber[120].

---

[120] *Altmeppen* in Roth/Altmeppen GmbHG § 13 Rn 82; *Lutter* in Lutter/Hommelhoff GmbHG § 52 Rn 33 f.

B. Innenhaftung des Geschäftsführers

I. Einleitung

Innenhaftungsansprüche der Gesellschaft gegenüber ihren Geschäftsführern sind weitgehend spezialgesetzlich geregelt. Die grundlegenden Pflichten der Geschäftsführer ergeben sich aus der allgemeinen Sorgfaltspflicht gemäß § 43 Abs. 1 GmbHG. Daneben existieren für bestimmte Pflichtverletzungen spezielle Regelungen wie beispielsweise im Falle der Insolvenz oder dem Eingriff in das Vermögen der Gesellschaft.

II. Pflichtverletzung nach § 43 Abs. 2 GmbHG

Der Geschäftsführer hat in den Angelegenheiten der Gesellschaft die Sorgfalt eines ordentlichen Geschäftsmanns anzuwenden. Verstößt der Geschäftsführer gegen seine Obliegenheiten, macht er sich gegenüber der Gesellschaft schadenersatzpflichtig. Existieren mehrere Geschäftsführer, sind diese solidarisch, d. h. gesamtschuldnerisch schadenersatzpflichtig. Im Rahmen der Haftung nach § 43 Abs. 2 GmbHG hat die Gesellschaft lediglich darzulegen und zu beweisen, dass ein Schaden (in einer gewissen Höhe) eingetreten ist und das dieser Schaden durch ein möglicherweise pflichtwidriges Verhalten des Geschäftsführers im Rahmen des ihm obliegenden Pflichtenkreises verursacht wurde[121]. Im Gegenzug kann der Geschäftsführer vorbringen, dass sein Verhalten nicht pflichtwidrig war, er nur seinen Sorgfaltspflichten nachgekommen ist oder der Schaden auch bei pflichtgemäßem Verhalten eingetreten wäre[122].

1. Unternehmerische Entscheidungen des Geschäftsführers

Der Geschäftsführer hat in den Angelegenheiten der Gesellschaft die Sorgfalt eines ordentlichen Geschäftsmanns anzuwenden (§ 43 Abs. 1 GmbHG). Bei der Ausübung der Leitungsmacht handelt der Geschäftsführer vergleichbar dem Vorstand

---

[121] *Drescher* GmbH-Geschäftsführer Rn 194; *Kleindiek* in Lutter/Hommelhoff GmbHG § 43 Rn 43.

[122] BGH NZG 2008, 104, 105; BGH NJW 2003, 358; *Kleindiek* in Lutter/Hommelhoff GmbHG § 43 Rn 43.

einer Aktiengesellschaft nach eigenem Ermessen[123]. Ihm steht für unternehmerische Entscheidungen grundsätzlich ein weiter unternehmerischer Beurteilungsspielraum zu, der es dem Geschäftsführer erlaubt, unternehmerische Risiken einzugehen[124]. Verletzt der Geschäftsführer seine Sorgfaltspflicht, so macht er sich gegenüber der Gesellschaft nach § 43 Abs. 2 GmbHG haftbar.

Nach der herrschenden Meinung findet die in § 93 Abs. 1 S. 2 AktG verankerte Business Judgement Rule (unter Berücksichtigung der spezifischen Kompetenzordnung bei der GmbH) auch im GmbH-Recht Anwendung [125]. Der Bundesgerichtshof hatte in seiner ARAG/Garmenbeck-Entscheidung[126] unter Anlehnung an die ursprünglich aus dem US-amerikanischen Recht stammende Business Judgement Rule bestätigt, dass die Haftung des Geschäftsführers für Schäden, die der Gesellschaft infolge unternehmerischer Entscheidungen entstehen, ausgeschlossen sein kann. Der Bundesgerichtshof[127] führte hierzu in Bezug auf den Vorstand einer Aktiengesellschaft unter anderem aus:

> *„[…] dem Vorstand [muss] bei der Leitung der Geschäfte des Gesellschaftsunternehmens ein weiter Handlungsspielraum zugebilligt werden […], ohne den eine unternehmerische Tätigkeit schlechthin nicht denkbar ist. Dazu gehört neben dem bewussten Eingehen geschäftlicher Risiken grundsätzlich auch die Gefahr von Fehlbeurteilungen und Fehleinschätzungen, der jeder Unternehmensleiter, mag er auch noch so verantwortungsbewusst handeln, ausgesetzt ist. […]*
>
> *Diese [Schadenersatzpflicht des Vorstands] kann erst in Betracht kommen, wenn die Grenzen, in denen sich ein von Verantwortungsbewusstsein getragenes, ausschließlich am Unternehmenswohl orientiertes, auf sorgfältiger Ermittlung der Entscheidungsgrundlagen beruhendes unternehmerisches Handeln bewegen muss, deutlich überschritten sind, die Bereitschaft, unternehmerische Risiken einzugehen, in unverantwortlicher Weise überspannt worden ist oder das Verhalten des Vorstands aus anderen Gründen als pflichtwidrig gelten muss. “*

Nach US-amerikanischem Vorbild und auf der Basis der ARAG/Garmenbeck-Entscheidung des Bundesgerichtshofs ist durch das am 1. November 2005 in Kraft getretene UMAG die Business Judgement Rule in § 93 Abs. 1 S. 2 AktG aufgenommen worden. Unternehmerische Entscheidungen des Geschäftsführers werden

---

[123] BGHZ 135, 244, 253; *Kleindiek* in Lutter/Hommelhoff GmbHG § 43 Rn 16; *Altmeppen* in Roth/Altmeppen GmbHG § 43 Rn 8; *Wellhöfer* in Wellhöfer/Peltzer/Müller Haftung § 9 Rn 20f.; für die AG: *Hüffer* AktG § 76 Rn 12 ff.

[124] BGHZ 135, 244, 253; *Kleindiek* in Lutter/Hommelhoff GmbHG § 43 Rn 16; *Wellhöfer* in Wellhöfer/Peltzer/Müller Haftung § 9 Rn 20 f.

[125] Begründung UMAG-RegE BT-Drs. 15/5092 S. 24; *Kleindiek* in Lutter/Hommelhoff GmbHG § 43 Rn 16; *Altmeppen* in Roth/Altmeppen GmbHG § 43 Rn 8; *Wellhöfer* in Wellhöfer/Peltzer/Müller Haftung § 9 Rn 20f.; *Hoffmann/Liebs* GmbH-Geschäftsführer Rn 7023; *Fleischer* ZIP 2004, 685, 692; *Alexander* in Schwerdtfeger Fachanwaltskommentar § 43 GmbHG Rn 12f.

[126] BGHZ 135, 244.

[127] BGHZ 135, 244, 253.

nunmehr ausdrücklich vom Tatbestand der Sorgfaltspflichtverletzung aufgrund der analogen Anwendung von § 93 Abs. 1 S. 1 AktG ausgenommen[128].

Demnach handelt der Geschäftsführer im Rahmen seines unternehmerischen Ermessens, wenn er bei einer unternehmerischen Entscheidung vernünftigerweise annehmen durfte, auf der Grundlage angemessener Informationen zum Wohle der Gesellschaft zu handeln (§ 93 Abs. 1 S. 2 AktG). Im Unterschied zur US-amerikanischen Business Judgement Rule, bei der vermutet wird, dass der Direktor im besten Interesse der Gesellschaft und auf der Basis angemessener Informationen gehandelt hat[129], liegt die Darlegungs- und Beweislast für das Vorliegen der Voraussetzungen von § 93 Abs. 1 S. 2 AktG in Übereinstimmung mit der Beweislastregelung in § 93 Abs. 2 S. 2 AktG allerdings beim Geschäftsführer[130]. Die Gerichte wenden hierbei strenge Maßstäbe an, so dass das Vorliegen der Voraussetzungen der Business Judgement Rule vom Geschäftsführer bereits bei der Vornahme entsprechender Geschäfte penibel dokumentiert werden muss.

Ein Eingreifen des haftungsfreien Ermessensspielraums gemäß § 93 Abs. 1 S. 1 AktG ist unter drei Voraussetzungen gegeben. Es muss sich bei der Entscheidung des Geschäftsführers um eine unternehmerische Entscheidung handeln, der Geschäftsführer muss auf der Grundlage angemessener Information und zum Wohle der Gesellschaft handeln.

a) Unternehmerische Entscheidung

Zunächst werden vom Haftungsausschluss gemäß § 93 Abs. 1 S. 2 AktG nur unternehmerische Entscheidungen erfasst[131]. Unternehmerische Entscheidungen sind nach der Regierungsbegründung zum UMAG wegen ihrer Zukunftsbezogenheit durch Prognosen und nicht justitiable Einschätzungen geprägt. Maßgeblich für den Begriff der unternehmerischen Entscheidung ist daher, dass die Entscheidung nicht von vornherein gegen Gesetz oder Satzung verstößt, dass sie Prognosecharakter hat, es also in tatsächlicher Hinsicht ungewiss ist, wie sich die Dinge entwickeln werden, und schließlich, dass die Entscheidung des Geschäftsführers in ein Handeln oder Unterlassen mündet, zu dem er nicht verpflichtet ist.

---

[128] Begründung UMAG-RegE BT-Drs. 15/5092 S. 24; *Kleindiek* in Lutter/Hommelhoff GmbHG § 43 Rn 16; *Altmeppen* in Roth/Altmeppen GmbHG § 43 Rn 8; *Drescher* GmbH-Geschäftsführer Rn 62; *Wellhöfer* in Wellhöfer/Peltzer/Müller Haftung § 9 Rn 20f.; *Hoffmann/Liebs* GmbH-Geschäftsführer Rn 7023; *Fleischer* ZIP 2004, 685, 692.

[129] *Kleindiek* in Lutter/Hommelhoff GmbHG § 43 Rn 16; *Roth* BB 2004, 1066, 1067 m.w.N.

[130] *Kleindiek* in Lutter/Hommelhoff GmbHG § 43 Rn 16; *Altmeppen* in Roth/Altmeppen GmbHG § 43 Rn 104; für die AG: *Hüffer* AktG § 93 Rn 16a.

[131] *Kleindiek* in Lutter/Hommelhoff GmbHG § 43 Rn 16; *Altmeppen* in Roth/Altmeppen GmbHG § 43 Rn 9; *Hoffmann/Liebs* GmbH-Geschäftsführer Rn 7023; für die AG: *Hüffer* AktG § 93 Rn 4a; *Bürgers/Israel* in Bürgers/Körber AktG § 93 Rn 9.

Der Geschäftsführer hat hierbei jedoch die Kompetenzverteilung in der GmbH zu beachten. Das Entscheidungsermessen wird durch die Weisungen der Gesellschafter eingeschränkt[132].

b) Beschaffung angemessener Informationen

Grundlage jeder unternehmerischen Entscheidung ist die sorgfältige Ermittlung der Entscheidungsgrundlagen[133]. Der Geschäftsführer ist daher grundsätzlich verpflichtet, alle ihm zur Verfügung stehenden – nicht aber alle erdenklichen – Erkenntnisquellen auszuschöpfen[134]. Je größer die Bedeutung der zu treffenden Entscheidung ist, desto höher sind die Anforderungen, die an die Ermittlung der Entscheidungsgrundlage zu stellen sind. Allerdings muss der Geschäftsführer auch hierbei zwischen den Kosten und dem Nutzen einer umfangreichen Sachverhaltsermittlung abwägen. Der Informationsbedarf richtet sich daher unter anderem:

- Nach der Tragweite der Entscheidung. Je stärker der Bestand und der Erfolg des Unternehmens von der Entscheidung abhängen, desto höher ist die gebotene Informationsdichte[135].
- Nach den Kosten der Informationsbeschaffung. Je kostenintensiver die Informationsrecherche ist, umso eher kann der Geschäftsführer je nach Tragweite der Entscheidung auf die Information verzichten[136].
- Nach der Relevanz der Information. Insbesondere bei Investitionen ist die Einholung von Informationen, insbesondere über Rentabilität und Risiko, Investitionsvolumen und Finanzierung, zwingend erforderlich, da diese unverzichtbare Entscheidungsparameter darstellen[137]. Ohne die Durchführung einer Due Diligence stellt daher etwa die Durchführung eines Unternehmenskaufs jedenfalls dann keine informierte Entscheidung im Sinne der Business Judgement Rule dar, wenn nicht ausreichende, gesicherte Erkenntnisse über das zu erwerbende Unternehmen vorhanden sind oder wenn vorhandene Informationen

---

[132] *Kleindiek* in Lutter/Hommelhoff GmbHG § 43 Rn 16; *Altmeppen* in Roth/Altmeppen GmbHG § 43 Rn 113; *Kuntz* GmbHR 2008, 121, 123.

[133] BGH ZIP 2008, 1675; BGHZ 135, 244, 253; OLG Celle NZG 2008, 669; *Altmeppen* in Roth/Altmeppen GmbHG § 43 Rn 11; *Kleindiek* in Lutter/Hommelhoff GmbHG § 43 Rn 16; *Drescher* GmbH-Geschäftsführer Rn 64; *Hoffmann/Liebs* GmbH-Geschäftsführer Rn 7024; für die AG: *Bürgers/Israel* in Bürgers/Körber AktG § 93 Rn 13; *Fleischer* in Spindler/Stilz AktG § 93 Rn 69.

[134] BGH ZIP 2008, 1675; *Drescher* GmbH-Geschäftsführer Rn 64; *Altmeppen* in Roth/Altmeppen GmbHG § 43 Rn 14.

[135] *Brömmelmeyer* WM 2005, 2065, 2067; *Kock/Dinkel* NZG 2004, 441, 444; *Spindler* NZG 2005, 865, 872; *Weiss/Buchner* WM 2005, 162, 164; *Rodewald/Unger* BB 2006, 113, 114.

[136] *Brömmelmeyer* WM 2005, 2065, 2067.

[137] Vgl. Begründung UMAG-RegE BT-Drs. 15/5092 S. 12; *Brömmelmeyer*, WM 2005, 2065, 2067.

Unklarheiten aufweisen, wie insbesondere bei dem Erwerb aus einer Insolvenz[138].

- Nach der für die Entscheidung zur Verfügung stehenden Zeit. Bei besonderer Eilbedürftigkeit einer Entscheidung kann nicht jede verfügbare Information genutzt werden, sodass ein Rückgriff auf die in der zur Verfügung stehenden Zeit erreichbaren Informationen ausreichen kann[139].

Bei der Beurteilung, welcher Informationsbedarf im Zusammenhang mit der konkreten Entscheidung besteht, steht dem Geschäftsführer ein Beurteilungsspielraum zu. Der Geschäftsführer handelt daher nur dann nicht auf der Grundlage angemessener Informationen, wenn er in der konkreten Entscheidungssituation verfügbare Informationsquellen ignoriert, die er ohne unverhältnismäßig hohen Aufwand hätte berücksichtigen können und bei Anwendung der Sorgfalt eines ordentlichen Geschäftsleiters hätte berücksichtigen müssen[140]. Nach der Regierungsbegründung zum UMAG soll die unternehmerische Entscheidung jedoch nicht verrechtlicht oder „(schein)objektiviert" werden. Sie beruhe vielmehr auf Instinkt, Erfahrung und Fantasie sowie auf einem Gespür für künftige Entwicklungen und einem Gefühl für die Märkte. Sie lasse sich daher nicht vollständig durch objektive Informationen ersetzen[141]. Ungeachtet dessen ist es jedoch gerade Aufgabe der Business Judgement Rule sicherzustellen, dass Entscheidungen nicht „aus dem Bauch heraus", sondern auf der Basis der – mit Blick auf Inhalt und Tragweite der Entscheidung – gebotenen Informationsgrundlage erfolgen. Notwendig ist daher eine reflektierte und keine intuitive Entscheidung[142].

Durch die Formulierung in § 93 Abs. 1 S. 2 AktG, dass der Geschäftsleiter *„vernünftigerweise annehmen durfte, auf der Grundlage angemessener Information [...] zu handeln"*, wird zudem ausgedrückt, dass dem Geschäftsführer bei der Bewertung des Informationsbedarfs zwar ein subjektiver Beurteilungsspielraum zukommt, die Ausübung dieses Beurteilungsspielraums jedoch grundsätzlich einer Überprüfung durch die Gerichte auf Basis eines objektiven Maßstabs unterliegt. Bei der Frage, ob die einer Entscheidung zugrunde gelegte Information angemessen war, kommt es daher nicht auf die subjektiven Kenntnisse und Fähigkeiten des Geschäftsführers an. Vielmehr

---

[138] OLG Oldenburg NZG 2007, 434, 436; *Brömmelmeyer* WM 2005, 2065, 2067; *Rodewald/Unger* BB 2006, 113, 114; *Böttcher* NZG 2005, 49 ff; *Ek/von Hoyenberg* Unternehmenskauf, S. 32 f.

[139] Vgl. Begründung UMAG-RegE BT-Drs. 15/5092 S. 12; *Ulmer* DB 2004, 859, 860; *Brömmelmeyer* WM 2005, 2065, 2067; *Holzborn/Bunnemann* BKR 2005, 51, 52; *Weiss/Buchner* WM 2005, 162, 164.

[140] *Kleindiek* in Lutter/Hommelhoff GmbHG § 43 Rn 18; *Brömmelmeyer* WM 2005, 2065, 2067; *Weiss/Buchner* WM 2005, 162, 164; *Spindler* NZG 2005, 865, 872.

[141] Begründung UMAG-RegE BT-Drs. 15/5092 S. 11 f.; *Kleindiek* in Lutter/Hommelhoff GmbHG § 43 Rn 19.

[142] *Brömmelmeyer* WM 2005, 2065, 2067; *Ihrig* WM 2004, 2098, 2106.

ist der gemäß § 93 Abs. 1 S. 1 AktG bzw. § 43 Abs. 1 GmbHG anzuwendende allgemeine Sorgfaltsmaßstab zugrunde zu legen[143].

c) Handeln im Interesse oder zum Wohl der Gesellschaft

Entscheidungen des Geschäftsführers haben sich stets am Unternehmensinteresse zu orientieren. Der Geschäftsführer darf daher bei seiner Entscheidungsfindung keinesfalls eigene Interessen oder die Interessen Dritter verfolgen[144]. Auch sachfremde Einflüsse außerhalb des Unternehmensinteresses dürfen Entscheidungen des Geschäftsführers nicht beeinflussen[145].

Dem Unternehmensinteresse dient eine Maßnahme dann, wenn sie die Marktstellung, die finanzielle Lage oder die interne Verfassung der Gesellschaft stärkt[146]. Insbesondere eine Maßnahme, die den Gesellschaftszweck fördert, erfolgt regelmäßig zum Wohle der Gesellschaft. Da allgemein die Gewinnerzielung Gesellschaftszweck ist, erfolgt in der Regel jede Maßnahme, die den Gewinn erhöht, zum Wohle des Unternehmens[147].

Auch insoweit verlangt § 93 Abs. 1 S. 2 AktG, dass der Geschäftsführer bei seiner Entscheidung *„vernünftigerweise annehmen durfte, [...] zum Wohle der Gesellschaft zu handeln"*. Ebenso wie bei der Frage der Angemessenheit der der Entscheidung zugrunde gelegten Informationen ist die Frage, ob der Geschäftsführer zum Wohle der Gesellschaft handelte, subjektiv aus seiner Sicht ex ante zu beurteilen. Beschränkt wird diese subjektive Einschätzungsprärogative jedoch durch die objektive Komponente des *„annehmen dürfens"*. War die Annahme des Geschäftsführers, zum Wohl der Gesellschaft zu handeln, aus objektiver Sicht eines ordnungsgemäß handelnden Geschäftsleiters nicht vertretbar, scheidet daher eine Berufung des Geschäftsführers auf eine zum Zeitpunkt der Entscheidungsfindung tatsächlich vorhandene Vorstellung zum Wohle der Gesellschaft zu handeln, aus[148]. Der Geschäftsführer handelt dann nicht zum Wohl der Gesellschaft, wenn der zu erwartende Gewinn nicht in angemessenem Verhältnis zu dem wirtschaftlichen Risiko einer Geschäftsführungsentscheidung steht[149] oder bei einer wirtschaftlich ver-

---

[143] *Kleindiek* in Lutter/Hommelhoff GmbHG § 43 Rn 18; für die AG: *Bürgers/Israel* in Bürgers/Körber AktG § 93 Rn 3; *Schäfer* ZIP 2005, 1253, 1258.

[144] BGHZ 135, 244, 253; *Kleindiek* in Lutter/Hommelhoff GmbHG § 43 Rn 17; *Altmeppen* in Roth/Altmeppen GmbHG § 43 Rn 13; für die AG: *Bürgers/Israel* in Bürgers/Körber AktG § 93 Rn 14; *Hüffer* AktG § 93 Rn 4g.

[145] *Altmeppen* in Roth/Altmeppen GmbHG § 43 Rn 13; *Fleischer* in Spindler/Stilz AktG § 93 Rn 68; *Bürgers/Israel* in Bürgers/Körber AktG § 93 Rn 14.

[146] *Kock/Dinkel* NZG 2004, 441, 443; *Brömmelmeyer* WM 2005, 2065, 2068; *Schäfer* ZIP 2005, 1253, 1257; *Spindler* NZG 2005, 865, 872; *Holzborn/Bunnemann* BKR 2005, 51, 52.

[147] *Semler* in FS für Ulmer S. 627, 628.

[148] *Holzborn/Bunnemann*, BKR 2005, 51, 52; *Schäfer* ZIP 2005, 1253, 1257; *Fleischer* ZIP 2004, 685, 690; *Brömmelmeyer* WM 2005, 2065, 2069.

[149] OLG Jena NZG 2001, 86; *Drescher* GmbH-Geschäftsführer Rn 67.

nünftigen Betrachtung die Wahrscheinlichkeit eines Verlustes größer ist als die eines möglichen Gewinns[150].

d) Beispiele

Im Bereich des Spannungsfelds zwischen dem Eingehen von Risiken und der sorgfältigen Ermittlung der Entscheidungsgrundlagen durch die Geschäftsführung wurde eine Haftung in den folgenden Fällen bejaht:

- Ein Geschäftsführer verletzte seine Pflichten dadurch schuldhaft, dass er die Preise eines Angebots kaufmännisch fehlerhaft kalkuliert hatte[151].
- Der Bundesgerichtshof hat eine Schadenersatzpflicht des Geschäftsführers angenommen, der ohne eine sorgfältige Ermittlung der Entscheidungsgrundlage ein Darlehen vorzeitig abgelöst hatte, obwohl der Zinsersparnis eine höhere Vorfälligkeitsentschädigung gegenüber steht[152].
- Ein Geschäftsführer machte sich im Rahmen eines Unternehmenskaufs schadenersatzpflichtig, da er diesen ohne ausreichende Wirtschaftlichkeitsprüfung (due diligence) durchführte[153].
- Ein Geschäftsführer verletzte dadurch seine Pflichten, dass er ein Exportgeschäft nicht wie üblich absicherte[154].

2. Risikomanagement und Überwachungssystem

Unternehmerische Entscheidungen des Geschäftsführers können sich nicht nur in seinem Tun widerspiegeln. Um eine Verletzung der Sorgfaltspflicht und der damit einhergehenden Schadenersatzpflicht zu verhindern, muss sich der Geschäftsführer vor Entscheidungen sorgfältig informieren. Dies setzt eine sorgfältige Analyse der jeweiligen Situation voraus. Unterlässt er dies, kann er sich schadenersatzpflichtig machen.

Grundvoraussetzung für eine sachgerechte Analyse ist in aller Regel eine Art Risikomanagement, das den Geschäftsführer über die Gegebenheiten in der Gesellschaft unterrichtet. Der Geschäftsführer ist deshalb grundsätzlich verpflichtet, ein Überwachungssystem zur Früherkennung bestandsgefährdender Risiken einzurichten, damit die Gesellschaft keinen unangemessenen Risiken ausgesetzt ist[155]. Dies setzt in der Regel zumindest die Einrichtung eines Berichtswesens und eine ausreichende

---

[150] OLG Zweibrücken NZG 1999, 506; OLG Naumburg GmbHR 2005, 757; *Drescher* GmbH-Geschäftsführer Rn 67; *Fleischer* ZGR 2004, 437, 446.

[151] BGH NZG 2008, 314.

[152] BGH NZG 2008, 751.

[153] OLG Oldenburg NZG 2007, 434.

[154] OLG Jena NZG 2001, 86, 87.

[155] *Kleindiek* in Lutter/Hommelhoff GmbHG § 43 Rn 23.

Dokumentation voraus. Über die genaue Ausgestaltung eines solchen Systems besteht jedoch Uneinigkeit[156].

3. Verstoß gegen die Überwachungspflicht

Sämtliche Geschäftsführer unterliegen einer gegenseitigen Überwachungspflicht. Jeder Geschäftsführer hat sich über alle wesentlichen Angelegenheiten der Gesellschaft zu informieren. Dies beinhaltet im Falle einer Ressortaufteilung neben dem „eigenen" Ressort auch die Geschäftsbereiche der Mitgeschäftsführer[157]. Sollte ersichtlich sein, dass ein Geschäftsführer die Erfüllung seiner Aufgabe nicht mehr wahrnehmen kann, so besteht für die anderen Geschäftsführer eine Eingriffspflicht. Jeder Geschäftsführer hat hierbei einen Anspruch auf Informationen über alle Angelegenheiten der Gesellschaft, auch wenn und soweit sie allein das Ressort eines Mitgeschäftsführers betreffen[158]. Verletzt ein Geschäftsführer seine Überwachungs- und Eingriffspflicht und kommt es zu einem Fehlverhalten eines anderen Geschäftsführers, kann er sich gemäß § 43 Abs. 2 GmbHG haftbar machen.

4. Verstoß gegen die Treuepflicht

Aufgrund der treuhänderischen Stellung als Verwalter fremden Vermögens unterliegt der Geschäftsführer gegenüber der Gesellschaft einer Treuepflicht[159]. Diese verpflichtet den Geschäftsführer, das ihm anvertraute Vermögen nicht zum eigenen Nutzen einzusetzen und Geschäftschancen, die sich ihm aufgrund seiner Tätigkeit als Geschäftsführer der Gesellschaft ergeben, nicht zu seinem Vorteil zu nutzen[160]. Die Gefahr einer Interessenskollision wird durch das Selbstkontrahierungsverbot in § 181 BGB gemindert. Demnach darf der Geschäftsführer nicht im Namen der Gesellschaft mit sich im eigenen Namen oder als Vertreter eines Dritten Rechtsgeschäfte vornehmen. Allerdings kann der Geschäftsführer vom Selbstkontrahierungsverbot befreit werden.

Unter die Treuepflicht fällt auch, mit der Gesellschaft nicht in Wettbewerb zu treten[161]. In dem Geschäftsbereich der Gesellschaft darf der Geschäftsführer grundsätz-

---

[156] Vgl. hierzu *Wellhöfer* in Wellhöfer/Peltzer/Müller Haftung § 4 Rn 172; *Zöllner/Noack* in Baumbach/Hueck GmbHG § 35 Rn 33; *Drescher* GmbH-Geschäftsführer Rn 72.

[157] *Kleindiek* in Lutter/Hommelhoff GmbHG § 43 Rn 21; *Altmeppen* in Roth/Altmeppen GmbHG § 43 Rn 23.

[158] OLG Koblenz GmbHR 2008, 37; *Altmeppen* in Roth/Altmeppen GmbHG § 43 Rn 24.

[159] *Tillmann/Mohr* GmbH-Geschäftsführer Rn 173; *Drescher* GmbH-Geschäftsführer Rn 75; *Altmeppen* in Roth/Altmeppen GmbHG § 43 Rn 26.

[160] *Zöllner/Noack* in Baumbach/Hueck GmbHG § 35 Rn 42; *Hoffmann/Liebs* GmbH-Geschäftsführer Rn 2050; *Drescher* GmbH-Geschäftsführer Rn 75.

[161] *Altmeppen* in Roth/Altmeppen GmbHG § 43 Rn 29; *Drescher* GmbH-Geschäftsführer Rn 93.

lich keine Geschäfte in eigenem Namen oder zugunsten Dritter tätigen. Weiterhin ist der Geschäftsführer verpflichtet, Geschäftschancen für die Gesellschaft und nicht für sich selber wahrzunehmen (Corporate Opportunity Doktrin)[162]. Dies schließt sämtliche Chancen mit ein, von denen der Geschäftsführer während seiner Tätigkeit für die Gesellschaft erfährt[163]. Unbedeutend ist dabei, ob der Geschäftsführer von der Chance geschäftlich oder privat erfährt[164]. Bei Verstoß gegen das Wettbewerbsverbot ist der Geschäftsführer zur Abführung des wirtschaftlichen Vorteils verpflichtet. Dies gilt auch für Vorteile, die die Gesellschaft nicht hätte selber realisieren können[165]. Die Unterrichtung der Gesellschaft über die Geschäftschance reicht nicht aus, um einer Haftung zu entgehen. Vielmehr bedarf es eines Beschlusses der Gesellschafterversammlung, um den Geschäftsführer von dem Wettbewerbsverbot zu befreien[166].

Veranschaulicht wird die praktische Bedeutung von Treuepflichtverstößen von Geschäftsführern durch die nachfolgenden Gerichtsentscheidungen:

- Ein Geschäftsführer, der sich ein nicht mit den Gesellschaftern verabredetes Gehalt auszahlt, verstößt gegen seine Treuepflicht[167].
- Die Verwendung einer Firmenkreditkarte für private Zwecke stellt einen Verstoß gegen die Treuepflicht dar[168].
- Ein Geschäftsführer, der mit ihm überlassenen Gegenständen der Gesellschaft nicht sorgfältig umgeht, kann gegen seine Treuepflicht verstoßen. In einem Fall beschädigte der Geschäftsführer den Firmenwagen, als er bei Tempo 170 km/h telefonierte[169].

5. Verstoß gegen die Verschwiegenheitspflicht

Trotz fehlender ausdrücklicher Regelung in § 43 GmbHG unterliegt der Geschäftsführer einer Verschwiegenheitspflicht[170]. Er darf keine Informationen weitergeben, welche die Gesellschaft schädigen könnten. So darf der Geschäftsführer beispiels-

---

[162] KG GmbHR 2010, 869; *Fuhrmann* in GmbH-Handbuch, Rz I 2445; *Zöllner/Noack* in Baumbach/Hueck GmbHG § 35 Rn 41; *Altmeppen* in Roth/Altmeppen GmbHG § 43 Rn 30; *Hoffmann/Liebs* GmbH-Geschäftsführer Rn 2050; *Drescher* GmbH-Geschäftsführer Rn 75.

[163] *Tillmann/Mohr* GmbH-Geschäftsführer Rn 187.

[164] BGH NJW 1985, 585; *Drescher* GmbH-Geschäftsführer Rn 95.

[165] *Altmeppen* in Roth/Altmeppen GmbHG § 43 Rn 34; *Drescher* GmbH-Geschäftsführer Rn 98.

[166] *Zöllner/Noack* in Baumbach/Hueck GmbHG § 35 Rn 42; *Fleischer* NZG 2003, 985, 989.

[167] BGH DStR 2002, 227.

[168] OLG Koblenz GmbHR 2007, 874.

[169] OLG Koblenz GmbHR 1999, 344.

[170] *Zöllner/Noack* in Baumbach/Hueck GmbHG § 35 Rn 40; *Altmeppen* in Roth/Altmeppen GmbHG § 43 Rn 25.

weise bei einem Unternehmenskauf im Rahmen einer Due Diligence nur Informationen an die potentiellen Käufer weitergeben, wenn die Gesellschafterversammlung ihn durch Beschluss hierzu ermächtigt[171]. Geheimnisse, welche von der Gesellschaft geheim gehalten werden sollen, unterliegen ebenfalls der Verschwiegenheitspflicht. Die Verletzung der Geheimhaltungspflicht stellt gemäß § 85 GmbHG eine Straftat dar.

6. Kompetenzüberschreitung

Die Befugnisse des Geschäftsführers können zwar im Innenverhältnis beschränkt werden, nach Außen hin sind diese jedoch unbeschränkt und unbeschränkbar[172]. Der Geschäftsführer kann demnach seine ihm zugewiesenen Kompetenzen überschreiten und Handlungen vornehmen, für die er nicht autorisiert ist. Er haftet jedoch der Gesellschaft gemäß § 43 Abs. 2 GmbHG, wenn er seine im Innenverhältnis bestehenden Kompetenzen überschreitet und der Gesellschaft hierdurch ein Schaden entsteht[173]. Der Missbrauch der Vertretungsmacht kann auch in der Vornahme einer Handlung bestehen, für die die Zustimmung der Gesellschafterversammlung vorgeschrieben ist, der Geschäftsführer jedoch ohne diese Zustimmung gehandelt hat.

7. Einberufung der Gesellschafterversammlung

Gemäß § 49 Abs. 3 GmbHG hat der Geschäftsführer die Gesellschafterversammlung einzuberufen, wenn aus der Jahresbilanz oder aus einer im Laufe des Geschäftsjahres aufgestellten Bilanz sich ergibt, dass die Hälfte des Stammkapitals verloren ist. Hierbei hat sich der Geschäftsführer nicht nur auf die Bilanz der Gesellschaft zu beziehen, sondern unterliegt auch der Pflicht, die wirtschaftliche Lage der Gesellschaft laufend im Auge zu behalten. Ist eine Krisensituation der Gesellschaft abzusehen, so hat er eine Zwischenbilanz zur Übersicht der Vermögenswerte der Gesellschaft aufzustellen[174]. Dies beinhaltet indirekt die Pflicht, organisatorisch dafür zu sorgen, dass der Geschäftsführer stets über die Entwicklungen in der Gesellschaft unterrichtet ist. Schadenersatzpflichtig macht sich der Geschäftsführer nur, wenn ein entstandener Schaden durch frühzeitiges Handeln hätte verhindert werden können, wobei die Beweislast dem Geschäftsführer auferlegt ist[175].

---

[171] *Zöllner/Noack* in Baumbach/Hueck GmbHG § 35 Rn 40; *Altmeppen* in Roth/Altmeppen GmbHG § 43 Rn 25.

[172] *Altmeppen* in Roth/Altmeppen GmbHG § 35 Rn 13; *Wicke* GmbHG § 35 Rn 2; *Kleindiek* in Lutter/Hommelhoff GmbHG § 35 Rn 9.

[173] *Drescher* GmbH-Geschäftsführer Rn 89.

[174] *Schaal* in Erbs/Kohlhaas § 49 Rn 7; *Roth* in Roth/Altmeppen GmbHG § 49 Rn 14; *Drescher* GmbH-Geschäftsführer Rn 108.

[175] *Drescher* GmbH-Geschäftsführer Rn 109.

8. Schadenersatzpflicht in der Insolvenz

Der Geschäftsführer ist nach § 15a InsO verpflichtet, bei Zahlungsunfähigkeit oder Überschuldung ohne schuldhaftes Zögern, spätestens aber drei Wochen nach Eintritt der Zahlungsunfähigkeit oder Überschuldung, Insolvenzantrag zu stellen. Innerhalb der maximalen Frist von drei Wochen hat der Geschäftsführer Sanierungsbemühungen anzustreben, um die drohende Insolvenz abzuwenden. Sollte er bei den Bemühungen seine Pflichten als Organ der Gesellschaft verletzen, so macht er sich gemäß § 43 Abs. 2 GmbHG gegenüber der Gesellschaft schadenersatzpflichtig[176]. Eine Pflichtverletzung kann sich daraus ergeben, dass der Geschäftsführer sämtliche Sanierungsbemühungen unterlässt oder diese nicht vollständig ausnutzt[177]. Auch die Beauftragung eines Dritten als Berater und die damit einhergehende finanzielle Belastung der Gesellschaft ohne vorheriger Überprüfung der Sanierfähigkeit kann zu einer Schadenersatzpflicht des Geschäftsführers führen[178]. Ansonsten ist der Geschäftsführer in der Krise aber in aller Regel gut beraten, wenn er die Hilfe eines fachlich qualifizierten Berufsträgers in Anspruch nimmt, was haftungsbefreiend wirken kann[179].

Der Pflichtenkatalog für Geschäftsführer in der Krise der GmbH ist vielfältig[180]. Schneider[181] hat versucht, durch zwölf Handlungsanweisungen an den Geschäftsführer diese Pflichten zu verdeutlichen und damit zur Haftungsminimierung beizutragen. Die Handlungsanweisungen lauten:

- 1. Regel: Berufen Sie sich als Geschäftsführer in der Krise der GmbH gegenüber Gläubigern nicht auf Ihre persönliche Zuverlässigkeit, um dadurch den Vertragspartner zum Abschluss von Verträgen zu bewegen.
- 2. Regel: Behandeln Sie als Geschäftsführer in der Krise der Gesellschaft nicht bevorzugt einzelne Gläubiger, z. B. die Arbeitnehmer oder einzelne Lieferanten. Es gibt zwar keinen rechtlich zwingenden Grundsatz der Gleichbehandlung der Gläubiger. Das gilt aber nicht im Verhältnis zum Fiskus.
- 3. Regel: Tätigen Sie als Geschäftsführer keine Zahlungen aus dem zur Erhaltung des Stammkapitals erforderlichen Vermögen der Gesellschaft. Erwerben Sie den Bestimmungen des § 33 GmbHG zuwider keine eigenen Geschäftsanteile der Gesellschaft. Und bedenken Sie, dass die Grundsätze einer Haftung wegen existenzvernichtenden Eingriffs auch in der Krise und im Stadium der Liquidation zur Anwendung kommen.

---

[176] Eine Verletzung der Insolvenzantragspflicht führt aufgrund des Schutzgesetzcharakters des § 15a InsO zudem zu einem direkte Schadenersatzanspruch der Gläubigern der Gesellschaft gegen den Geschäftsführer nach § 823 Abs. 2 BGB; siehe hierzu im Kapitel Außenhaftung.

[177] *Drescher* GmbH-Geschäftsführer Rn 112.

[178] BGH NZG 2007, 679.

[179] BGH NZG 2007, 545; *Haußer/Heeg* ZIP 2010, 1427, 1432.

[180] Vgl. hierzu *Bellen/Stehl* BB 2010, 2579 ff.

[181] *Schneider* GmbHR 2010, 57.

- 4. Regel: Gewähren Sie als Geschäftsführer Ihren Mitgeschäftsführern, Prokuristen oder zum gesamten Geschäftsbetrieb ermächtigten Handlungsbevollmächtigten keinen Kredit aus dem zur Erhaltung des Stammkapitals erforderlichen Vermögen der Gesellschaft.
- 5. Regel: Gewähren Sie bei bestehender Unterbilanz Gesellschaftern keinen Kredit, wenn der Rückzahlungsanspruch nicht dauerhaft gesichert ist.
- 6. Regel: Beobachten Sie als Geschäftsführer in der Krise der Gesellschaft mit besonderer Sorgfalt die Finanz- und Vermögenslage der Gesellschaft. Gegebenenfalls hat nämlich der Geschäftsführer auch schon vor dem Entstehen einer Unterbilanz einen Sanierungsplan zu erarbeiten, diesen den Gesellschaftern mit entsprechender Begründung vorzulegen und nach der Beschlussfassung der Gesellschafter diesen umzusetzen.
- 7. Regel: Berufen Sie als Geschäftsführer bei Verlusten der Hälfte des satzungsmäßigen Stammkapitals eine Gesellschafterversammlung ein, um die Gesellschafter zu informieren, damit diese die weiteren Schritte einleiten können.
- 8. Regel: Ist die GmbH zahlungsunfähig oder überschuldet, so stellen Sie als Geschäftsführer ohne schuldhaftes Zögern, spätestens aber drei Wochen nach Eintritt der Zahlungsunfähigkeit oder Überschuldung einen Insolvenzantrag.
- 9. Regel: Nach Eintritt der Zahlungsunfähigkeit der Gesellschaft oder nach Feststellung der Überschuldung leisten Sie als Geschäftsführer keine Zahlungen an Dritte oder an Gesellschafter. Sorgen Sie insbesondere dafür, dass Zahlungen von Gesellschaftsschuldnern nicht auf ein debitorisch geführtes Bankkonto geleistet werden. Schon vor Eintritt der Zahlungsunfähigkeit sind Zahlungen an Gesellschafter unzulässig, soweit diese Zahlungen zur Zahlungsunfähigkeit der Gesellschaft führen müssen.
- 10. Regel: Vor der Insolvenzreife halten Sie als Geschäftsführer keine Beiträge der Arbeitnehmer zur Sozialversicherung zurück.
- 11. Regel: Nach der Insvolvenzreife während der dreiwöchigen Insolvenzantragsfrist ist die Pflicht zur Abführung der Arbeitnehmerbeiträge zur Sozialversicherung suspendiert. Nach Ablauf der dreiwöchigen Insolvenzantragsfrist aber vor Stellung des Insolvenzantrags macht sich der Geschäftsführer wiederum strafbar, wenn er die Arbeitnehmerbeiträge nicht zahlt.
- 12. Regel: Führen Sie als Geschäftsführer in der Krise der Gesellschaft und auch während der Drei-Wochen-Frist die Lohnsteuer ab.

9. Gesellschafterliste

Aus der Gesellschafterliste der GmbH ergeben sich Name, Vorname, Geburtstagsdatum und Wohnort der Gesellschafter (bzw. bei juristischen Personen die Firma und der Sitz der Gesellschaft) sowie die Nennbeträge und die laufenden Nummern der von jedem Gesellschafter übernommenen Geschäftsanteile. Die Gesellschafterliste ist eines der Schlüsseldokumente der Gesellschaft. Im Verhältnis zur Gesellschaft gilt im Falle einer Veränderung bei den Gesellschaftern oder beim Umfang der Beteiligung als Inhaber eines Geschäftsanteils nur, wer als solcher in der Liste eingetragen ist (§ 16 Abs. 1 GmbHG). § 16 Abs. 3 GmbHG ermöglicht unter bestimmten Voraussetzungen den gutgläubigen Erwerb von Geschäftsanteilen oder von Rechten an Geschäftsanteilen.

Nach Wirksamwerden einer Veränderung in der Inhaberschaft von Geschäftsanteilen ist der Geschäftsführer verpflichtet, unverzüglich eine aktualisierte Liste der Gesellschafter zum Handelsregister einzureichen bzw. für den Fall, dass ein Notar mitwirkt, auf die Einreichung der Liste durch den Notar hinzuwirken (§ 40 GmbHG)[182]. Der Geschäftsführer sollte zur Vermeidung persönlicher Haftung die in der Gesellschafterliste enthaltenen Angaben regelmäßig auf Korrektheit und Aktualität kontrollieren und etwaige Übertragungen von Geschäftsanteilen zumindest auf offensichtliche Fehler überprüfen[183]. Kommt der Geschäftsführer seinen Pflichten nicht ordnungsgemäß nach, haftet er gegenüber der Gesellschaft (zusätzlich zur Haftung gemäß § 40 Abs. 3 GmbHG gegenüber Gläubigern der Gesellschaft und Personen, deren Beteiligung sich geändert hat) nach § 43 GmbHG[184].

III. Pflichtverletzung nach § 43 Abs. 3 GmbHG

§ 43 Abs. 3 GmbHG beinhaltet spezielle Ersatzpflichten des Geschäftsführers bei Verletzung des Stammkapitalerhaltungsgebots oder bei dem Erwerb von Geschäftsanteilen der Gesellschaft, auf die die Einlage noch nicht vollständig geleistet wurde. Für § 43 Abs. 3 GmbHG gelten die gleichen Darlegungs- und Beweislastregelungen wie bei einer Haftung nach § 43 Abs. 2 GmbHG[185].

1. Stammkapitalerhaltung

Der Geschäftsführer haftet, wenn er entgegen § 30 GmbHG Zahlungen aus dem zur Erhaltung des Stammkapitals erforderlichen Vermögen der Gesellschaft an einen Gesellschafter oder ein mit diesem verbundenes Unternehmen leistet[186]. § 30 GmbHG ist auch einschlägig, wenn auf einen Anspruch gegen einen Gesellschafter verzichtet[187] oder eine Sicherheit zugunsten des Gesellschafters gestellt wird[188].

---

[182] *Altmeppen* in Roth/Altmeppen GmbHG § 16 Rn 3; *Wicke* GmbHG § 16 Rn 5.

[183] *Prühs* GmbH-Geschäftsführer S. 32.

[184] *Zöllner/Noack* in Baumbach/Hueck GmbHG § 40 Rn 44.

[185] *Drescher* GmbH-Geschäftsführer Rn 207 f.

[186] *Drescher* GmbH-Geschäftsführer Rn 146.

[187] BGH NJW 2009, 2127; *Rubner* DStR 2009, 1538; *Drescher* GmbH-Geschäftsführer Rn 144.

[188] *Hueck/Fastrich* in Baumbach/Hueck GmbHG § 30 Rn 58ff.; *Hommelhoff* in Lutter/Hommelhoff GmbHG § 30 Rn 34; speziell zu Upstream Securities vgl. Komo GmbHR 2010, 230ff. und Kollmorgen/Santelmann/Weiß BB 2009, 1818ff.

Durch das Auszahlungsverbot soll der Bestand der Gesellschaft gesichert und Gläubigern der Gesellschaft eine gewisse Befriedigungsreserve gesichert werden[189]. Ein Aufbrauchen des Stammkapitals durch Verluste der Gesellschaft wird durch § 30 GmbHG dagegen nicht geschützt[190].

Auszahlungen sind dann verboten, wenn diese zur Unterdeckung der Gesellschaft führen oder diese vertiefen. Eine Unterdeckung liegt dann vor, wenn das Nettovermögen der Gesellschaft unter der Höhe des Stammkapitals liegt. Bei der Berechnung einer möglichen Unterdeckung sind Gesellschafterdarlehen auch im Fall eines Rangrücktritts stets zu passivieren[191].

Bei Verstoß gegen das Rückzahlungsverbot macht sich der Geschäftsführer schadenersatzpflichtig. Die Beweislast liegt bei der Gesellschaft, wird jedoch im Falle undurchsichtiger Buchführung dem Geschäftsführers auferlegt (Beweislastumkehr)[192]. Der Geschäftsführer kann sich von der Schadenersatzpflicht befreien, wenn er darlegen kann, dass ihn kein Verschulden trifft. Der objektive Schuldensbegriff lässt die individuellen Fähigkeiten des Geschäftsführers wie persönliche Erfahrungen und Kenntnisse außer Acht. Vielmehr kommt es darauf an, welche objektive Sorgfalt von einem Geschäftsführer in der speziellen Situation zu erwarten war[193]. Die ihm obliegende Überwachungspflicht lässt den Geschäftsführer auch dann schadenersatzpflichtig werden, wenn die Auszahlung von anderen Stellen vorgenommen wurde. Auch eine dementsprechende Weisung der Gesellschafter an den Geschäftsführer bezüglich einer Auszahlung befreit diesen nicht von einer Haftung, da einer solchen Weisung nicht Folge geleistet werden darf.

Der Gesellschafter, der die ungerechtfertigte Leistung erhalten hat, haftet nach § 31 GmbHG zusammen mit dem Geschäftsführer gesamtschuldnerisch. Die Haftung beinhaltet den zur Beseitigung der Überschuldung erforderlichen Betrag zuzüglich des Nominalkapitals der Gesellschaft, falls eine verbotene Ausschüttung in entsprechender Höhe vorausgegangen ist[194]. Gleichzeitig hat der Geschäftsführer einen Regressanspruch gegen den Gesellschafter, der die Leistung empfangen hat[195]. Ist die Leistung von dem Gesellschafter nicht wiederzuerlangen, so haften die anderen Gesellschafter gemäß § 31 Abs. 3 GmbHG verschuldensunabhängig für den zu erstattenden Betrag, soweit dieser zur Befriedigung der Gesellschaftsgläubiger erforderlich ist. Der Geschäftsführer, welchem in Bezug zu der geleisteten Zahlung ein

---

[189] *Hueck/Fastrich* in Baumbach/Hueck GmbHG § 30 Rn 5; *Altmeppen* in Roth/Altmeppen GmbHG § 30 Rn 1; *Drescher* GmbH-Geschäftsführer Rn 128.

[190] *Altmeppen* in Roth/Altmeppen GmbHG § 30 Rn 1.

[191] BGH NZG 2008, 908, 909; *Altmeppen* in Roth/Altmeppen GmbHG § 30 Rn 10.

[192] BGH ZIP 2003, 625, 627; *Altmeppen* in Roth/Altmeppen GmbHG § 30 Rn 16.

[193] *Drescher* GmbH-Geschäftsführer Rn 131.

[194] *Altmeppen* in Roth/Altmeppen GmbHG § 30 Rn 18; *Drescher* GmbH-Geschäftsführer Rn 135 f.

[195] *Drescher* GmbH-Geschäftsführer Rn 139.

Verschulden zur Last fällt, ist den leistenden Gesellschaftern wiederum zum Ersatz verpflichtet (§ 31 Abs. 6 GmbHG).

Die Gewährung von Darlehen an einen Gesellschafter ist gemäß § 30 Abs. 1 S. 2 GmbHG zulässig und verletzt nicht das Stammkapitalerhaltungsgebot, soweit das Darlehen durch einen vollwertigen Rückgewähranspruch gegen den Gesellschafter gedeckt ist oder ein Beherrschungs- oder Gewinnabführungsvertrag mit dem Gesellschafter besteht. Eine Verzinsung des Darlehens an den Gesellschafter ist für die „Vollwertigkeit" des Rückzahlungsanspruchs nicht notwendig[196]; allerdings ist es in der Praxis üblich und aus der Sicht des Geschäftsführers sinnvoll, eine angemessene Verzinsung zu vereinbaren. Bezüglich der Fälligkeit des Darlehens existieren keine gesetzlichen Voraussetzungen. Die vollständige Aktivierbarkeit muss hingegen jederzeit gegeben sein[197]. Der Geschäftsführer ist verpflichtet, die Bonität des Gesellschafters als Darlehensempfänger zu überwachen und bei Verschlechterung der wirtschaftlichen Lage des Gesellschafters das Darlehen fällig zu stellen oder weitere Sicherheiten zu verlangen[198]. Ein Beurteilungsspielraum steht dem Geschäftsführer hierbei nicht zu. Unterlässt der Geschäftsführer im Falle der Verschlechterung der Bonität des Gesellschafters die Rückforderung des Darlehens oder die Forderung nach weiteren Sicherheiten, macht er sich gemäß § 43 Abs. 3 GmbHG schadenersatzpflichtig. Eine Weisung der Gesellschafter befreit den Geschäftsführer nicht von seiner Haftung[199].

Die Rückzahlung eines Gesellschafterdarlehens unterliegt seit Inkrafttreten des MoMiG nicht mehr dem Auszahlungsverbot des § 30 GmbHG, ganz gleich, ob die Rückzahlung zur Unterkapitalisierung der Gesellschaft führt[200]. Vielmehr ist die Rückzahlung, wenn diese innerhalb eines Jahres vor Eröffnung der Insolvenz getätigt wurde, gemäß § 135 Abs. 1 Nr. 2 InsO anfechtbar. Der Geschäftsführer muss eine Rückzahlung dennoch verweigern, sollte diese gegen § 64 GmbHG verstoßen. Die Gesetzeslage vor Inkrafttreten des MoMiG ist jedoch für die Fälle einschlägig, bei denen die Rückzahlungspflicht vor dem 1. November 2008 begründet wurde oder einer Auszahlung das Auszahlungsverbot entgegengestanden hätte (Altfälle)[201]. Für die Altfälle unterliegt der Geschäftsführer bei Zuwiderhandlung gegen das Auszahlungsverbot der Haftung gemäß § 43 Abs. 3 GmbHG.

---

[196] *Hueck/Fastrich* in Baumbach/Hueck GmbHG § 30 Rn 56; *Drescher* GmbH-Geschäftsführer Rn 150; *Kiefner/Theusinger* NZG 2008, 801, 804.

[197] *Altmeppen* in Roth/Altmeppen GmbHG § 30 Rn 98; *Drescher* GmbH-Geschäftsführer Rn 152; *Rothley/Weinberger* m. w. N. auch zur gegenteiligen Auffassung.

[198] *Rothley/Weinberger*, NZG 2010, 1001, 1003; *Altmeppen* in Roth/Altmeppen GmbHG § 30 Rn 136; *Drescher* GmbH-Geschäftsführer Rn 154.

[199] *Drescher* GmbH-Geschäftsführer Rn 157.

[200] *Altmeppen* in Roth/Altmeppen GmbHG § 30 Rn 5; *Drescher* GmbH-Geschäftsführer Rn 162.

[201] BGH NJW 2009, 1277.

2. Erwerb von Geschäftsanteilen

Die Gesellschaft kann eigene Geschäftsanteile nicht erwerben oder als Pfand nehmen, auf die die Einlage noch nicht vollständig geleistet worden ist. Hat der Geschäftsführer trotz unvollständiger Einzahlung eigene Geschäftsanteile der Gesellschaft erworben, macht er sich gemäß § 43 Abs. 3 S. 1 2. Alt. GmbHG schadenersatzpflichtig. Eine Schadenersatzpflicht des Geschäftsführers kommt in drei verschiedenen Fällen in Frage: erstens beim Erwerb nicht voll eingezahlter Gesellschaftsanteile, zweitens beim Erwerb voll eingezahlter Gesellschaftsanteile, wenn hierdurch das Stammkapital angegriffen wird und drittens wenn eine Bildung der nach § 272 Abs. 4 HGB vorgeschriebenen Rücklagen für eigene Anteile aus freien Mitteln nicht möglich ist[202].

IV. Zahlungen nach Insolvenzreife

1. Inhalt des Zahlungsverbots

Der Geschäftsführer ist der Gesellschaft zum Ersatz von Zahlungen verpflichtet, die nach Eintritt der Zahlungsunfähigkeit der Gesellschaft oder nach Feststellung ihrer Überschuldung (Insolvenzreife) geleistet werden (§ 64 S. 1 GmbHG). Anspruchsinhaber ist dabei alleine die Gesellschaft, vertreten durch den Insolvenzverwalter[203].

Ein Schaden wird bei der Gesellschaft durch die verbotene Zahlung im Regelfall nicht entstehen, da zumeist eine Verbindlichkeit der Gesellschaft bedient wird. Sinn und Zweck dieser Norm ist es jedoch, angesichts der Insolvenzreife der Gesellschaft sämtliche Gläubiger der Gesellschaft in den Genuss eines geordneten, dem Grundsatz der Gläubigergleichbehandlung beachtenden Verteilungsverfahrens kommen zu lassen[204]. Das Zahlungsverbot tritt mit der Insolvenzreife der Gesellschaft ein[205]. Damit führen auch Zahlungen innerhalb der Dreiwochenfrist, die der Geschäftsführer für Sanierungsbemühungen ausschöpfen darf, zu einer Schadenersatzpflicht des Geschäftsführers[206].

Ausgenommen vom Zahlungsverbot sind gemäß § 64 S. 2 GmbHG Zahlungen, die mit der Sorgfalt eines ordentlichen Geschäftsmanns vereinbar sind[207]. Dabei handelt

---

[202] *Zöllner/Noack* in Baumbach/Hueck GmbHG § 43 Rn 50.

[203] *Kleindiek* in Lutter/Hommelhoff GmbHG § 64 Rn 16; *Haas* in Baumbach/Hueck GmbHG § 64 Rn 11.

[204] *Kleindiek* in Lutter/Hommelhoff GmbHG § 64 Rn 7; *Haas* in Baumbach/Hueck GmbHG § 64 Rn 5.

[205] BGH NZG 2009, 550.

[206] *Kleindiek* in Lutter/Hommelhoff GmbHG § 64 Rn 2; *Drescher* GmbH-Geschäftsführer Rn 291.

[207] *Kleindiek* in Lutter/Hommelhoff GmbHG § 64 Rn 11.

es sich um Zahlungen, die entweder masseneutral sind oder die innerhalb der Insolvenzantragsfrist des § 15a Abs. 1 S. 1 InsO zur Abwendung der Insolvenz erfolgen. In ausdrücklicher Abkehr von seiner bisherigen Rechtsprechung hat der 2. Zivilsenat des Bundesgerichtshofs auch die Zahlung von Sozialversicherungsbeiträgen und Steuern angesichts der drohenden persönlichen strafrechtlichen Verfolgung des Geschäftsführers als mit der Sorgfalt eines ordentlichen Geschäftsmanns vereinbar angesehen[208]. Nach Ansicht des Bundesgerichtshofs ist jedoch die Zahlung der Arbeitgeberbeiträge zur Sozialversicherung nicht als mit der Sorgfalt eines ordentlichen Geschäftsmanns vereinbar anzusehen[209]. Grund hierfür ist § 266a Abs. 1 StGB, der lediglich eine persönliche Strafbarkeit des Geschäftsführers für nicht geleistete Arbeitnehmerbeiträge vorsieht.

Das Zahlungsverbot und die bei Verstoß resultierende Haftung des § 64 GmbHG greift nur bei Vorliegen der Insolvenzgründe der Zahlungsunfähigkeit (§ 17 InsO) oder der Überschuldung (§ 19 InsO) ein. Sollte eine Zahlung an die Gesellschafter zur Zahlungsunfähigkeit der Gesellschaft führen, unterliegt der Geschäftsführer ebenfalls dem Zahlungsverbot (§ 64 S. 3 GmbHG). Hierbei werden Zahlungen erfasst, die eine Zahlungsunfähigkeit herbeiführen mussten, es sei denn, dass dies aus Sicht eines sorgfältigen Geschäftsführers nicht erkennbar war[210].

2. Zahlungsunfähigkeit und Überschuldung

Zahlungsunfähigkeit liegt gemäß § 17 InsO vor, wenn die Gesellschaft nicht mehr in der Lage ist, ihre fälligen und durchsetzbaren Zahlungspflichten zu erfüllen[211], die Illiquidität der Gesellschaft also bereits tatsächlich eingetreten ist. Bei drohender Zahlungsunfähigkeit hingegen wird die Gesellschaft aufgrund einer Prognose erst bei Eintritt der Fälligkeit bestehender Zahlungsverpflichtungen nicht mehr in der Lage sein, diese zu erfüllen (§ 18 Abs. 2 InsO). Nicht zur Zahlungsunfähigkeit führen nur vorübergehende Zahlungsstockungen und ganz geringfügige Liquiditätslücken[212]. Nach der Rechtsprechung des Bundesgerichtshofs liegt lediglich eine Zahlungsstockung und damit keine Zahlungsunfähigkeit im Sinne von § 17 InsO vor, wenn sich die Zahlungsunfähigkeit voraussichtlich innerhalb kurzer Zeit beheben lässt. Die Zahlungsstockung darf daher den Zeitraum nicht überschreiten, den eine kreditwür-

---

[208] BGH NJW 2007, 2118; kritisch *Streit/Bürk* DB 2008, 742, 746.

[209] BGH NZG 2009, 913.

[210] Begründung MoMiG-RegE Bt-Drs. 16/6140 S. 111; *Zattler* GWR 2009, 285, 286; *Hirte* NZG 2008, 761, 764; *Bittmann* NStZ 2009, 113, 118; *Prühs* GmbH-Geschäftsführer S. 34.

[211] BGH NZI 2005, 547; *Wicke* GmbHG § 64 Rn 3; *Wellhöfer* in Wellhöfer/Peltzer/Müller Haftung § 4 Rn 337; *Müller* in Jaeger § 17 InsO Rn 6.

[212] BGH NJW 2005, 3062; *Wellhöfer* in Wellhöfer/Peltzer/Müller Haftung § 4 Rn 337; *Müller* in Jaeger § 17 InsO Rn 5, 23 ff.; *Schmerbach* in Frankfurter Komm § 17 InsO Rn 5, 14.

dige Person benötigt, um über die benötigten Mittel ein Darlehen aufzunehmen. Hierfür sind drei Wochen erforderlich, aber auch ausreichend[213]. Eine geringfügige Liquiditätslücke, die nicht zu einer Zahlungsunfähigkeit führt, liegt zudem nur dann vor, wenn sie, obwohl sie innerhalb von drei Wochen nicht zu beseitigen ist, weniger als 10% der fälligen Gesamtverbindlichkeiten ausmacht, es sei denn, es ist bereits absehbar, dass die Lücke demnächst mehr als 10% erreichen wird[214].

Die Zahlungsunfähigkeit der Gesellschaft tritt insbesondere dann zu Tage, wenn die Gesellschaft ihre Zahlungen eingestellt hat (§ 17 Abs. 1 S. 2 InsO), also beispielsweise Löhne und Gehälter oder Sozialversicherungsbeiträge nicht mehr oder nur in geringem Umfang zahlt[215].

Nach bisheriger Rechtslage war die Überschuldung gemäß § 19 Abs. 2 InsO gegeben, wenn das Vermögen des Schuldners die bestehenden Verbindlichkeiten nicht mehr deckt. Durch das Gesetz zur Umsetzung eines Maßnahmenpakets zur Stabilisierung des Finanzmarktes (FMStG)[216] vom 17. Oktober 2008 wurde in § 19 Abs. 2 S. 1 InsO zunächst befristet bis zum 31. Dezember 2010, aber mittlerweile verlängert bis zum 31. Dezember 2013, ergänzt, dass eine Überschuldung dann nicht vorliegt, wenn die Fortführung des Unternehmens nach den Umständen überwiegend wahrscheinlich ist. Diese Regelung will das ökonomisch unbefriedigende Ergebnis vermeiden, dass Unternehmen, bei denen es wahrscheinlich ist, dass sie weiter erfolgreich am Markt operieren können, zwingend ein Insolvenzverfahren zu durchlaufen haben[217].

Nach der neuen Rechtslage wird zunächst eine bilanzielle Betrachtung der Vermögenslage des Unternehmens vorgenommen, wobei auf eine Überschuldungsbilanz abzustellen ist. In dieser Überschuldungsbilanz sind die Liquiditätswerte anzusetzen. Der Liquidationswert eines Vermögensgegenstands ist sein Einzelveräußerungswert, wie er bei einer Zerschlagung des Unternehmens realisiert werden würde[218]. Liegt hierbei rechnerisch keine Überschuldung der Gesellschaft vor, besteht keine Insolvenzantragspflicht[219].

Liegt eine Überschuldung vor, kommt es auf eine positive Fortführungsprognose für die Gesellschaft an. Hierfür sind der Wille des Unternehmers zur Fortführung des Unternehmens und objektive Erfolgsaussichten Grundvoraussetzungen[220]. Fällige

---

[213] BGH NJW 2005, 3062; *Neumaier* NJW 2005, 3041 ff.

[214] BGH NJW 2005, 3062; *Wellhöfer* in Wellhöfer/Peltzer/Müller Haftung § 4 Rn 338; *Neumaier* NJW 2005, 3041 ff.

[215] BGH ZIP 2002, 853, 855; BGH WM 1985, 396; *Hess* in Hess/Weis/Wienberg § 17 InsO Rn 19 ff.

[216] BGBl I 2008, S. 1982.

[217] Beschlussempfehlung Haushaltsausschuss FMStG-RegE BT-Drucks. 16/10651 S. 15.

[218] *Möhlmann-Mahlau/Schmitt* NZI 2009, 19, 22; *Müller* in Jaeger § 19 InsO Rn 46.

[219] Möhlmann-Mahlau/Schmitt NZI 2009, 19, 22.

[220] *Dahl* NZG 2009, 567, 567; *Hecker/Glozbach* BB 2009, 1544, 1545.

Verbindlichkeiten müssen wenigstens auf mittelfristige Sicht von dem Unternehmen beglichen werden können, was durch ein aussagekräftiges Unternehmenskonzept nachgewiesen werden muss[221]. Ist die Fortführungsprognose positiv, besteht keine Pflicht zur Stellung eines Insolvenzantrages[222].

3. Umfang des Zahlungsverbots

Strittig ist, welchen sachlichen Umfang das Zahlungsverbot hat. Nach seinem Wortlaut bezieht sich § 64 S. 1 GmbHG allein auf „Zahlungen". Dies könnte bedeuten, dass allein Geldzahlungen in bar vom Zahlungsverbot umfasst werden[223]. Nach anderer zutreffender Ansicht hingegen soll § 64 S. 1 GmbHG auch alle sonstigen Leistungen umfassen, die das Gesellschaftsvermögen schmälern, wie beispielsweise die Lieferung von Waren oder die Übertragung von Rechten[224]. Die letztgenannte Ansicht wird vom Bundesgerichtshof geteilt. Der Bundesgerichtshof stellte für den Geschäftsführer einer insolvenzreifen GmbH fest, dass dieser aufgrund seiner Masseerhaltungspflicht dafür zu sorgen habe, dass Zahlungen von Gesellschaftsschuldnern nicht auf ein debitorisch geführtes Bankkonto der Gesellschaft geleistet werden, indem er ein neues kreditorisch geführtes Bankkonto bei einer anderen Bank zu eröffnen und den aktuellen Gesellschaftsschuldnern unverzüglich die geänderte Bankverbindung bekannt zu geben habe[225]. In diesem Fall kann damit schon die bloße Untätigkeit des Geschäftsführers einen Verstoß gegen das Zahlungsverbot begründen. Zugleich hat der Bundesgerichtshof festgestellt, dass in der Zahlung von einem debitorischen Konto an einen Gesellschaftsgläubiger im Stadium der Insolvenzreife nur eine bloße Auswechselung des Gesellschaftsgläubigers, nicht aber eine haftungsbegründende Benachteiligung der Gläubigergesamtheit liegt[226]. Statt des befriedigten Gläubigers nimmt nunmehr die Bank mit ihrem entsprechend erhöhten Darlehensrückzahlungsanspruch am Insolvenzverfahren teil. Dies führt nur dann zu einer Haftung des Geschäftsführers nach § 64 S. 1 GmbHG, wenn die Bank noch freie Sicherheiten hatte, aus denen sie nun in entsprechend größerem Umfang abgesonderte Befriedigung verlangen kann[227]. Nur in diesem Fall wirkt sich die Zahlung nachteilig auf die Gesellschaftsgläubiger aus. Unabhängig hiervon können Zahlungen von debitorischen Konten eine Gläubigerbenachteiligung nach den

---

[221] BGH NZI 2007, 44.

[222] *Dahl* NZI 2009, 567, 567.

[223] RGZ 159, 211, 234; für die AG: *Mertens* in Kölner Komm AktG § 92 Rn 57.

[224] BGHZ 143, 184, 186 ff.; BGH NJW 2001, 304 f.; OLG Jena NZG 2002, 1116, 1117; *Haas* GmbHR 2010, 1, 5; *Kleindiek* in Lutter/Hommelhoff GmbHG § 64 Rn 7; *Haas* in Baumbach/Hueck GmbHG § 64 Rn 65.

[225] BGH GmbHR 2007, 596 ff.; OLG Hamm LSK 2009, 360616; *Umbeck* GWR 2009, 274.

[226] BGH GmbHR 2007, 596, 598.

[227] BGH GmbHR 2007, 596, 598.

§§ 129 ff. InsO mit der Folge der Rückgewährungspflicht an die Masse nach § 143 InsO darstellen[228].

4. Zeitpunkt für den Eintritt des Zahlungsverbots

Umstritten war bisher, auf welchen Zeitpunkt hinsichtlich des Eintritts des Zahlungsverbots abzustellen ist: den Zeitpunkt der Insolvenzreife oder den Eintritt der Pflicht zur Stellung des Insolvenzantrags. Nach höchstrichterlicher Rechtssprechung ist auf die erste Alternative abzustellen: das Zahlungsverbot des § 64 GmbHG gilt ab Eintritt der Insolvenzreife[229]. Hierfür spricht vor allem das Bedürfnis nach einem umfassenden Schutz der Insolvenzmasse[230]. Je früher das Zahlungsverbot eingreift, desto umfassender wird die Insolvenzmasse zur Befriedigung aller Gläubiger erhalten[231].

5. Erkennbarkeit der Insolvenzreife

Weiterhin besteht Streit über die Frage, ob es für die Entstehung des Zahlungsverbots auf die Kenntnis des Geschäftsführers von der Insolvenzreife ankommt. Während eine Ansicht die Erkennbarkeit der Insolvenzreife für die Entstehung des Zahlungsverbots für ausreichend hält[232], verlangen ein Teil der Rechtsprechung und Lehre die tatsächliche Kenntnis von der Insolvenzreife[233]. Die überzeugenderen Argumente sprechen für die erste Ansicht, die die Erkennbarkeit genügen lässt. Hierdurch tritt das Zahlungsverbot früher ein, so dass das Gesellschaftsvermögen umfassender geschützt wird. Schließlich spricht hierfür auch die Gesetzesgeschichte des § 64 GmbHG.

V. Zahlungen an Gesellschafter

Den Geschäftsführer trifft gemäß § 64 S. 3 GmbHG die gleiche Schadenersatzpflicht, wenn er Zahlungen an die Gesellschafter leistet, soweit diese zur Zahlungsunfähigkeit der Gesellschaft führen mussten. Ziel dieser durch das MoMiG einge-

---

[228] BGHZ 182, 317.

[229] BGH NZG 2009, 550.

[230] BGH NJW 2009, 2545, 2455; *Zattler* GWR 2009, 285.

[231] *Lutter/Hommelhoff* GmbHG § 64 Rn 59.

[232] BGHZ 143, 184, 185 f.; BGH NJW 2001, 304; OLG Oldenburg GmbHR 2004, 1014; OLG Celle GmbHR 2004, 568 f.; *Hüffer* AktG § 92 Rn 9.

[233] BGHZ 75, 96, 110; OLG Koblenz NZG 2005, 79, 81; OLG Frankfurt/Main NZG 2004, 1157, 1159; OLG Düsseldorf ZIP 1985, 876, 886; *Fleischer* in Spindler/Stilz AktG § 92 Rn 59.

führten Regelung ist es, die bestehenden Mechanismen zum Schutz der Gesellschaftsgläubiger zu ergänzen[234]. Dabei umfasst der Begriff „Zahlungen" nicht nur Barzahlungen, sondern sämtliche Leistungen, die die Aktiva der Gesellschaft vermindern. Darin enthalten sind auch Dienstleistungen an Gesellschafter, die Übertragung von Vermögenswerten oder die Bestellung einer Sicherheit für einen Gesellschafter[235]. Ein etwaiger Anspruch aus § 64 S. 3 GmbHG ist auf den Betrag der getätigten Zahlung begrenzt, unabhängig davon, ob der aus der Insolvenzverursachung entstandene Schaden höher ist[236].

Gläubiger ist wie bei einer verbotenen Zahlung nach § 64 S. 1 GmbHG die Gesellschaft, vertreten in der Insolvenz durch den Insolvenzverwalter. Der Anspruch richtet sich gegen den Geschäftsführer, der zu dem Zeitpunkt der Zahlung bestellt war[237]. Der Geschäftsführer macht sich bei Zahlungen an Gesellschafter auch dann haftbar, wenn die Zahlung durch einen Mitarbeiter veranlasst wurde und er dies nicht verhindert hat[238]. Ein Verschulden des Geschäftsführers wird vermutet, er kann sich jedoch entlasten. Die Beweislast für die Kausalität der Zahlung und die dadurch eintretende Zahlungsunfähigkeit liegt bei der Gesellschaft, wird jedoch im Falle undurchsichtiger Buchführung dem Geschäftsführer auferlegt[239].

Der Geschäftsführer haftet nur für Zahlungen, die zur Zahlungsunfähigkeit der Gesellschaft führen mussten. Eine überwiegend wahrscheinliche Zahlungsunfähigkeit ist somit Grundvoraussetzung für eine Haftung[240]. Wie bei einer Schadenersatzhaftung aufgrund einer Auszahlung nach § 64 S. 1 GmbHG sind Zahlungen an die Gesellschafter dann nicht verboten, wenn diese mit der Sorgfalt eines ordentlichen Geschäftsmanns vereinbar sind[241]. War eine Zahlungsunfähigkeit trotz gründlicher und gewissenhafter Überprüfung nicht erkennbar, scheidet eine Haftung für die unerwartet eingetretene Zahlungsunfähigkeit aus[242]. Auch macht sich der Geschäftsführer nicht haftbar, wenn ein plötzliches Ereignis wie beispielsweise die Insolvenz eines Geschäftspartners die Zahlungsunfähigkeit verursacht hat[243]. Hingegen befreit die Weisung eines Gesellschafters, der die Zahlung verlangt, den Geschäftsführer

---

[234] Regierungsbegründung MoMiG-RegE BT-Drs. 16/6140 S. 46 f.

[235] *Haas* in Baumbach/Hueck GmbHG § 64 Rn 97; *Drescher* GmbH-Geschäftsführer Rn 419.

[236] *Kleindiek* in Lutter/Hommelhoff GmbHG § 64 Rn 20; *Drescher* GmbH-Geschäftsführer Rn 434.

[237] *Drescher* GmbH-Geschäftsführer Rn 415.

[238] *Haas* in Baumbach/Hueck GmbHG § 64 Rn 96; *Drescher* GmbH-Geschäftsführer Rn 416.

[239] *Drescher* GmbH-Geschäftsführer Rn 436.

[240] *Haas* in Baumbach/Hueck GmbHG § 64 Rn 102; *Drescher* GmbH-Geschäftsführer Rn 425.

[241] Vgl. *Keindiek* GWR 2010, 75, 77 m.w.N.

[242] *Haas* in Baumbach/Hueck GmbHG § 64 Rn 104.

[243] *Drescher* GmbH-Geschäftsführer Rn 430.

nicht von seiner Haftung nach § 64 S. 3 GmbHG. Ihm steht bei einer solchen Weisung ein Leistungsverweigerungsrecht zu[244].

Eine Zahlungsunfähigkeit muss nicht unmittelbar nach der Zahlung eintreten. Eine gewisse Zeitspanne darf zwischen Zahlungszeitpunkt und Zahlungsunfähigkeit liegen. Jedoch muss sich zu dem Zeitpunkt der Zahlung klar abzeichnen, dass die Gesellschaft bei normalem Geschäftsverlauf ihre Verbindlichkeiten nicht mehr erfüllen werden kann[245].

VI. Besondere Haftungsrisiken beim Cash-Pooling

1. Einleitung

Unter Cash-Pooling versteht man ein in der Regel konzernweites Finanzmanagementsystem, bei dem die liquiden Mittel im Umlaufvermögen aller an diesem Cash-Management-System beteiligten Unternehmen zusammengeführt und in der Regel auf einem gemeinsamen so genannten Zielkonto bei der Konzernmutter (oder einer eigens für diesen Zweck bestehenden Cash-Pool-Trägergesellschaft) verwaltet werden[246]. Beim physischen Cash-Pooling werden täglich die Salden der laufenden Bankkonten der Konzerntöchter durch das Zielkonto der Konzernmutter ausgeglichen und auf Null gestellt. Die Konten der Tochtergesellschaften, die einen Soll-Saldo aufweisen, erhalten einen positiven Übertrag von dem Zentralkonto, Konten, die einen Haben-Saldo aufweisen, übertragen hingegen ihren positiven Saldo auf das Zielkonto der Muttergesellschaft (auch „Zero-Balancing-Verfahren" genannt)[247].

Die Vorteile eines solchen Cash-Management-Systems sind einerseits die Ausnutzung der im Konzernverbund vorhandenen liquiden Mittel. Negative Salden einzelner Konzernunternehmen werden durch positive Salden anderer Konzernunternehmen ausgeglichen. Die Aufnahme von Fremdkapital ist daher in der Regel nur dann erforderlich, wenn im Gesamtkonzern Liquiditätsbedarf besteht. Andererseits können hierdurch Zinsaufwendungen bei den Tochtergesellschaften vermieden werden

---

[244] *Drescher* GmbH-Geschäftsführer Rn 433.

[245] Begründung MoMiG-RegE BT-Drs. 16/6140 S. 46f.; *Haas* in Baumbach/Hueck GmbHG § 64 Rn 103; *Drescher* GmbH-Geschäftsführer Rn 429.

[246] *Hüffer* AktG § 311 Rn 48; *Theusinger* NZG 2009, 1017; neben dem hier beschriebenen physischen Cash-Pooling kommt auch die Einrichtung eines sogenannten virtuellen Cash-Poolings (so genanntes Notional Cash-Pooling) in Betracht, bei dem die Konten der Konzerngesellschaften allein rechnerisch von der kontoführenden Bank wie ein Konto behandelt werden, um auf den Gesamtsaldo die Haben- oder Soll-Zinsen zu bilden, vgl. *Morsch* NZG 2003, 97, 98.

[247] *Korts* Cash-Pooling S. 3; *Theusinger* NZG 2009, 1017.

und darüber hinaus für einen positiven Gesamtsaldo des Konzern-Zentralkontos Guthabenzinsen bezogen werden. Schließlich wird auch die Konzernmutter durch die Bündelung des konzernweiten Liquiditätsbedarfs bessere Kreditbedingungen erhalten als die einzelnen Konzernunternehmen.

Rechtlich stellt der Übertrag der liquiden Mittel durch die Konzerntöchter auf das Zielkonto die Gewährung eines Darlehens an die Muttergesellschaft dar. Erhalten die Konzerntöchter Mittel vom Zielkonto, so erfüllt die Muttergesellschaft ihre gegenüber den Tochtergesellschaften bestehende Darlehensrückgewährverpflichtung. Übersteigen die von der Tochtergesellschaft in Anspruch genommenen Mittel die zuvor eingebrachten Mittel, so gewährt die Muttergesellschaft der Tochter insoweit ebenfalls ein Darlehen[248].

Für den Geschäftsführer der Tochtergesellschaft stellt das Cash-Pooling grundsätzlich ein besonderes Haftungsrisiko dar. Er hat deshalb strikt auf die Einhaltung der von Gesetzgebung und Rechtsprechung entwickelten Vorgaben zu achten. Hierbei stehen Regelungen zur Kapitalaufbringung und Kapitalerhaltung im Vordergrund. Werden diese nicht eingehalten, droht eine persönliche Haftung des Geschäftsführers.

2. Kapitalaufbringung

Probleme bei der Kapitalaufbringung entstehen insbesondere dann, wenn bei einer in ein physisches Cash-Pooling-System eingebundenen Tochtergesellschaft eine Kapitalerhöhung stattfinden und die neu entstandenen Anteile von der Konzernmutter übernommen werden sollen. Die Guthaben auf den Konten der in den Cash-Pool einbezogenen Tochtergesellschaften werden täglich auf das Zielkonto übertragen. Somit schließen die Konten der Tochtergesellschaften täglich mit einem Saldo von Null. Der Saldo des Zielkontos verändert sich je nach Größe des Übertrags von den Konten der Tochtergesellschaften. Ein positiver Saldo stellt ein Darlehen durch die Tochtergesellschaft dar, bei einem negativen Saldo erhält dagegen die Tochtergesellschaft ein Darlehen.

Bei einer Kapitalerhöhung fließt die von der Muttergesellschaft zur Übernahme der neuen Anteile auf das Konto der Tochtergesellschaft überwiesene Einlage somit am Ende des selben Tages an das Zielkonto des Cash-Pools und damit an die Muttergesellschaft zurück. Es stellt sich somit die Frage, ob hierdurch der Einlagenanspruch der Gesellschaft erfüllt ist[249]. Dies ist für den Geschäftsführer von besonderer Bedeutung, da er gegenüber dem Registergericht gemäß § 57 Abs. 2 GmbHG versichern muss, dass sich die Einlage endgültig in der freien Verfügung des Geschäftsführers

[248] *Altmeppen* NZG 2010, 361, 362; *Theusinger* NZG 2009, 1017; *Klinck/Gärtner* NZI 2008, 457, 458; *Grothaus/Halberkamp* GmbHR 2005, 1317, 1318.

[249] *Theusinger* NZG 2009, 1017, 1018.

befindet, also wirksam geleistet wurde. Ist diese Erklärung unrichtig, haftet der Geschäftsführer persönlich (§ 57 Abs. 4 i. V. m. § 9a Abs. 1 GmbHG).

Ausgangspunkt der rechtlichen Prüfung, ob die Einlage ordnungsgemäß erbracht worden ist, ist die rein faktische Feststellung, ob zum Zeitpunkt der Zahlung das Quellkonto im Cash-Pool aus der Sicht der Gesellschaft einen negativen Saldo aufweist oder aber neutral bzw. positiv ist. Weist das Quellkonto einen negativen Saldo auf, stellt sich die Problematik einer verdeckten Sacheinlage, ist das Konto neutral oder positiv, liegt ein Hin- und Herzahlen vor.

Die Leistung der Muttergesellschaft stellt dann eine verdeckte Sacheinlage dar, wenn aus der Sicht der Gesellschaft das Quellkonto einen negativen Saldo aufweist. In diesem Fall wird nur vordergründig eine Bareinlage geleistet. Tatsächlich wird der Gesellschaft ein Sachwert zugeführt, nämlich die Befreiung von der Darlehensverbindlichkeit gegenüber der Muttergesellschaft (oder des mit ihr verbundenen Cash-Pool-Verwalters)[250].

Die Zahlung der Muttergesellschaft bewirkt bei einer verdeckten Sacheinlage keine Erfüllung der Einlageschuld. Der Wert der als verdeckten Sacheinlage bewirkten Befreiung von der Darlehensverbindlichkeit wird jedoch gemäß § 19 Abs. 4 i. V. m. § 56 Abs. 2 GmbHG bei Eintragung der Kapitalerhöhung oder bei der späteren Überlassung des Sachwerts auf die Einlagenschuld angerechnet[251]. Die Beweislast für die Werthaltigkeit und die Höhe des Anrechnungsbetrages trägt die Muttergesellschaft.

Ein Fall des Hin- und Herzahlens liegt vor, wenn aus der Sicht der Gesellschaft der Saldo des Cash-Pools am Zahltag neutral oder positiv ist. In diesem Fall führt die Zahlung in Verbindung mit der Umbuchung am Abend des Zahltages zu einer Darlehensgewährung an die Muttergesellschaft (bzw. den Cash-Pool-Verwalter). Die Leistung der Muttergesellschaft steht deshalb nicht zur freien Verfügung des Geschäftsführers, und die Einlagepflicht der Muttergesellschaft ist nicht erfüllt[252]. Im Gegensatz zu der Rechtslage bei der verdeckten Sacheinlage wird die erbrachte Leistung nicht auf die Einlagepflicht angerechnet[253]. Allerdings ist es gemäß § 19 Abs. 5 i. V. m. § 56a GmbHG bei Vorliegen von zwei Voraussetzungen möglich, dass die Einlagepflicht als erfüllt gilt. Insoweit gilt also ein „Alles oder Nichts-Prinzip". Die Voraussetzungen sind dann erfüllt, wenn erstens der durch das Hin- und Herzahlen begründete Rückgewähranspruch gegen die Muttergesellschaft (bzw. den Cash-Pool-Verwalter) vollwertig und jederzeit fällig ist oder durch fristlose Kündi-

[250] BGH NZG 2009, 944, 945; *Theusinger* NZG 2009, 1017; *Bormann/Ulrichs* DStR 2009, 641, 643.

[251] BGH NZG 2009, 944, 945; *Roth/Altmeppen* GmbHG § 19 Rn 72.

[252] BGH NZG 2009, 944, 945; *Theusinger* NZG 2009, 1017; *Altmeppen* ZIP 2009, 1545, 1546.

[253] *Altmeppen* ZIP 2009, 1545, 1547.

gung fällig gestellt werden kann. Die Beweislast hierfür trägt die Muttergesellschaft. Zweitens muss das Hin- und Herzahlen bei der Anmeldung zum Handelsregister von den Geschäftsführern nach §§ 19 Abs. 5 S. 2, 56a, 8 GmbHG offengelegt werden.

Werden die Kapitalaufbringungsvorschriften verletzt, haften nicht nur die Gesellschafter, sondern bei unrichtigen Angaben gegenüber dem Registergericht gemäß § 57 Abs. 4 i.V.m. § 9a Abs. 1 GmbHG auch die Geschäftsführer. Aus der Sicht der Geschäftsführung ist es deshalb unerlässlich, die rechtlichen Probleme richtig zu adressieren. Eine Lösungsmöglickeit besteht darin, statt des „Zero Balancing" eine Abführung an das Zielkonto des Cash-Pools nur insoweit zu vereinbaren, als das Stammkapital der Gesellschaft auf dem Quellkonto verbleibt. Eine andere Lösungsmöglickeit besteht darin, dass die Einlage auf ein separates Konto der Gesellschaft überwiesen wird, das unabhängig von dem Cash-Pool idealerweise bei einem anderen Kreditinstitut geführt wird[254]. Die Mittel stehen hierdurch der Tochtergesellschaft für operative Zwecke zur Verfügung, ohne jedoch in den problematischen Rückfluss des Cash-Poolings zu fallen.

3. Kapitalerhaltung

Im Rahmen des Cash-Poolings sind zunächst die Kapitalerhaltungsvorschriften des § 30 Abs. 1 GmbHG zu beachten. Danach ist die Auszahlung des zur Erhaltung des Stammkapitals erforderlichen Vermögens der Gesellschaft an die Gesellschafter verboten[255]. Hierunter fallen im Rahmen des Cash-Poolings die von der GmbH an die Konzernmutter, und damit an ihren Gesellschafter, gewährten Darlehen. Die Gewährung eines Darlehens an Gesellschafter ist nach Inkrafttreten des MoMiG gemäß § 30 Abs. 1 S. 2 GmbHG nunmehr zulässig und verletzt nicht das Stammkapitalerhaltungsgebot, soweit das Darlehen durch einen vollwertigen Rückgewähranspruch gegen den Gesellschafter gedeckt ist[256].

Für die Bestimmung der Vollwertigkeit der Gegenleistung oder des Rückgewähranspruches ist die bilanzielle Betrachtungsweise heranzuziehen. Für die Zulässigkeit einer Zahlung im Rahmen des Cash-Poolings reicht es demnach aus, wenn bilanziell ein reiner Aktivtausch, Geld gegen Forderung, gegeben ist. Der Geschäftsführer der Gesellschaft ist verpflichtet, die wirtschaftliche Lage des Gesellschafters fortlaufend zu überwachen. Unterlässt der Geschäftsführer im Falle der Verschlechterung der Bonität des Gesellschafters die Rückforderung des Darlehens oder die Forderung nach weiteren Sicherheiten, macht er sich gemäß § 43 Abs. 3 GmbHG schadenersatzpflichtig.

---

[254] *Ziemons* in Ziemons/Jäger GmbHG § 19 Rn 257; *Bormann/Urlichs* DStR 2009, 641, 645; *Theusinger* NZG 2009, 1017, 1018; *Hentzen* DStR 2006, 948, 956.

[255] *Wicke* GmbHG § 30 Rn 2; *Hommelhoff* in Lutter/Hommelhoff GMbHG § 30 Rn 2.

[256] *Wicke* GmbHG § 30 Rn 9; *Hommelhoff* in Lutter/Hommelhoff GMbHG § 30 Rn 2.

Darüber hinaus hat der Geschäftsführer bei Zahlungen an den Gesellschafter zu beachten, dass diese nicht zur Zahlungsunfähigkeit der Gesellschaft führen dürfen (§ 64 S. 3 GmbHG). Die sich hieraus möglicherweise ergebende Haftung des Geschäftsführers ist besonders praxisrelevant[257]. Der Geschäftsführer darf zudem erst Recht keine Zahlungen an den Cash-Pool zulassen, sobald die Gesellschaft zahlungsunfähig oder überschuldet ist (§ 64 S. 1 GmbHG).

Die Pflicht des Geschäftsführers, die wirtschaftliche Lage des Gesellschafters laufend zu überwachen, ist in der Praxis im Konzern schwer handhabbar. In der Regel hat es der Geschäftsführer einer Tochtergesellschaft schwer, sich dauerhaft Informationen über die wirtschaftliche Situation der Muttergesellschaft zu verschaffen, insbesondere, wenn diese ihren Sitz im Ausland hat. Trotzdem ist dem Geschäftsführer dringend anzuraten, dieser Pflicht nachzukommen. Zweckmäßig ist hierbei die Einrichtung eines wirksamen Frühwarnsystems, dessen Durchführung im Cash Pooling-Vertrag verbindlich vereinbart werden sollte[258]. Der Geschäftsführer sollte sich demnach vertraglich das Recht zur Einsichtnahme in Bücher (gegebenenfalls durch Dritte) und/oder die Übersendung wesentlicher Informationen zur Wirtschaftslage der Muttergesellschaft in regelmäßigen Abständen vertraglich zusichern lassen. Entscheidend ist dann jedoch, bei der Durchführung des Cash Pooling von diesen vertraglichen Rechten auch Gebrauch zu machen. Darüber empfiehlt sich auch, dass der Geschäftsführer von dem Gesellschafter einen Haftungsverzicht für fahrlässig begangene Pflichtverletzung bei der Handhabung des Cash Pooling fordert, da von einer solchen Pflichtverletzung gerade der Gesellschafter profitieren würde[259]. Hierdurch kann das verbleibende Haftungsrisiko weiter reduziert werden.

4. Darlehensrückzahlung

Gesellschafterdarlehen sind nach Inkrafttreten des MoMiG nicht mehr statutarischem Kapital gleichgestellt und unterliegen demzufolge auch nicht der Rückzahlungssperre des § 30 Abs. 1 S. 1 GmbHG; sie sind nicht mehr „kapitalersetzend". Außerhalb einer Insolvenz kann eine Gesellschaft ein ihr von einem Gesellschafter gewährtes Darlehen demnach an diesen zurückzahlen (§ 30 Abs. 1 S. 2 GmbHG). Wird jedoch über die Gesellschaft das Insolvenzverfahren eröffnet, so kann der Insolvenzverwalter die Rückzahlung anfechten, wenn sie im letzten Jahr vor dem Insolvenzantrag oder danach erfolgte. Der Gesellschafter ist verpflichtet, den zurückgezahlten Betrag zur Masse zurückzugewähren (§§ 135 Abs. 1 Nr. 2, 143 Abs. 1 S. 1 InsO). Erfolgte in den letzen zehn Jahren vor dem Insolvenzantrag oder danach eine Besicherung des Gesellschafterdarlehens, so kann der Insolvenzverwalter im

---

[257] Vgl. *Erne* GWR 2009, 387 ff.

[258] *Hommelhoff* in Lutter/Hommelhoff GmbHG § 30 Rn 41; *Erne* GWR 2010, 314, 315; *Willemsen/Rechel* GmbHR 2010, 349.

[259] *Erne* GWR 2010, 314, 317.

Wege der Anfechtung die Freigabe der Sicherheit verlangen (§ 135 Abs. 1 Nr. 1 InsO). Der Gesellschafter kann die Forderung auf Rückzahlung des Darlehens im Insolvenzverfahren nur als nachrangige Forderung geltend machen (§ 39 Abs. 1 Nr. 5 InsO).

VII. Weitere Haftungsvoraussetzungen

1. Verschulden

Die Innenhaftung des Geschäftsführers setzt unabhängig vom konkreten Haftungstatbestand stets Verschulden voraus. Eine verschuldensunabhängige (Gefährdungs-)Haftung für einen im Gesellschaftsvermögen eingetretenen Schaden besteht nach deutschem Recht nicht. Der Verschuldens- bzw. Sorgfaltsmaßstab für Geschäftsführer folgt aus § 43 Abs. 1 GmbHG. Aus der Doppelfunktion der Vorschrift ergibt sich neben den allgemeinen Sorgfaltspflichten des Geschäftsführers auch der ihm obliegende Verschuldensmaßstab. Danach ist eine Pflichtverletzung von dem Geschäftsführer dann zu vertreten, wenn er die Sorgfalt eines ordentlichen Geschäftmannes nicht eingehalten und dabei zumindest fahrlässig gehandelt hat[260]. Der Verschuldensmaßstab des § 43 Abs. 1 GmbHG ist normativer Natur und weitgehend objektiv gefasst. Daher kommt es nicht auf die individuellen Kenntnisse und Fähigkeiten des betroffenen Geschäftsführers an. Er hat vielmehr diejenige Sorgfalt einzuhalten, die von einem ordentlichen Geschäftsmann in der konkreten Situation des Geschäftsführers erwartet werden muss[261].

Der Geschäftsführer hat daher stets für die Fähigkeiten und Kenntnisse einzustehen, die erforderlich sind, um dem ihn obliegenden Sorgfaltsmaßstab hinsichtlich seiner Leitungsaufgabe zu genügen[262]. Zu berücksichtigen sind dabei insbesondere die Größe und Art des Unternehmens. Mangelnde Erfahrungen, Fähigkeiten und Kenntnisse des Geschäftsführers entlasten diesen nicht[263]. Der Tatbeitrag eines Mitgeschäftsführers bleibt bei der Haftung des Geschäftsführers unberücksichtigt. Daher kommt auch eine Zurechnung gemäß § 278 BGB bzw. eine direkte Haftung aus § 831 BGB nicht in Betracht[264].

An einem Verschulden des Geschäftsführers fehlt es, wenn aus der Sicht eines ordentlichen Geschäftsmannes die Pflichtwidrigkeit nicht erkennbar und der eingetre-

---

[260] *Thümmel* Persönliche Haftung von Managern und Aufsichtsräten Rn 219; *Plück/Lattwein* Haftungsrisiken für Manager S. 115; *Semler* AG 2005, 321, 324.

[261] *Thümmel* Persönliche Haftung von Managern und Aufsichtsräten Rn 220.

[262] BGH WM 1971, 1548, 1549; *Kleindiek* in Lutter/Hommelhoff GmbHG § 43 Rn 6.

[263] OLG Düsseldorf AG 1997, 231, 235; *Thümmel* Persönliche Haftung von Managern und Aufsichtsräten Rn 220.

[264] *Wicke* GmbHG § 43 Rn 7.

tene Schaden nicht voraussehbar oder vermeidbar war[265]. Fälle mangelnder Erkennbarkeit kommen nur selten vor, sind jedoch insbesondere im Grenzbereich unternehmerischen Ermessens denkbar. Im Übrigen wird in der Regel das Verschulden des Geschäftsführers durch eine Pflichtwidrigkeit indiziert[266].

2. Schaden und Kausalität

Durch die schuldhafte Pflichtverletzung des Geschäftsführers muss ein adäquat kausaler Schaden bei der Gesellschaft eingetreten sein[267]. Die Berechnung des Schadens erfolgt nach §§ 249 ff. BGB. Es gelten daher die allgemeinen Grundsätze, so dass ein Schaden nach der Differenzhypothese gegeben ist, wenn ein Vergleich des Gesellschaftsvermögens nach Eintritt des schädigenden Ereignisses (Ist-Zustand) mit dem Stand des Gesellschaftsvermögens ohne das schädigende Ereignis (Soll-Zustand) eine Vermögensminderung ergibt[268]. Der zu ersetzende Schaden umfasst neben dem eingetretenen Vermögensverlust auch den nach regelmäßigen Umständen zu erwartenden entgangenen Gewinn gemäß § 252 BGB[269].

Der Schaden der Gesellschaft muss durch die Pflichtwidrigkeit verursacht worden sein. Insoweit gelten die allgemeinen Grundsätze, insbesondere die Adäquanztheorie. Danach ist zu ermitteln, ob die Pflichtverletzung nach dem gewöhnlichen Lauf der Dinge geeignet war, eine Beeinträchtigung der eingetretenen Art herbeizuführen und ob diese Beeinträchtigung noch unter den Schutzzweck der Innenhaftungsnormen fällt[270].

3. Darlegungs- und Beweislast

Nach den allgemeinen Vorschriften obliegt die Darlegungs- und Beweislast grundsätzlich demjenigen, der sich auf die Norm, deren Tatbestandsmerkmale in Frage stehen, beruft und dem die Norm nutzt. Danach hat grundsätzlich die Gesellschaft die Beweislast hinsichtlich aller Tatbestandsmerkmale der die Haftung des Geschäftsführers begründenden Normen zu tragen. § 93 Abs. 2 S. 2 AktG findet analog Anwendung und sieht hiervon eine Ausnahme vor und kehrt die Beweislast in-

---

[265] *Zöllner/Noack* in Baumbach/Hueck GmbHG § 43 Rn 18; *Thümmel* Persönliche Haftung von Managern und Aufsichtsräten Rn 221.

[266] *Ziemons* in Oppenländer/Trölitzsch GmbH-Geschäftsführung § 21 Rn 13; *Thümmel* Persönliche Haftung von Managern und Aufsichtsräten Rn 221.

[267] *Thümmel* Persönliche Haftung von Managern und Aufsichtsräten Rn 222; *Plück/Lattwein* Haftungsrisiken für Manager S. 117.

[268] *Thümmel* Persönliche Haftung von Managern und Aufsichtsräten Rn 222; *Freund* GmbHR 2009, 1185, 1186 f. (auch zu in der Literatur diskutierten Modifikationen).

[269] OLG Düsseldorf AG 1997, 231, 237 f.; *Thümmel* Persönliche Haftung von Managern und Aufsichtsräten Rn 224; *Plück/Lattwein* Haftungsrisiken für Manager S. 117.

[270] *Thümmel* Persönliche Haftung von Managern und Aufsichtsräten Rn 222.

soweit um, als in Frage steht, ob der Geschäftsführer die Sorgfalt eines ordentlichen Geschäftsmanns beachtet hat[271]. Nach herrschender Meinung werden von dieser Beweislastregel sowohl das Verschulden des Geschäftsführers als auch die Pflichtwidrigkeit seines Verhaltens erfasst[272]. Die Beweislast für die weiteren Tatbestandsmerkmale, insbesondere den Eintritt und die Höhe des Schadens, die Handlung des Geschäftsführers sowie die Kausalität zwischen Handlung und Schaden, trägt nach den allgemeinen Regeln weiterhin die Gesellschaft[273].

Hintergrund der Regelung ist, dass der Gesellschaft der Nachweis der Pflichtwidrigkeit und des Verschuldens des Geschäftsführers andernfalls häufig nicht möglich wäre, dem Geschäftsführer auf der anderen Seite wegen seiner größeren Sachnähe und dem Zugriff auf die Geschäftsunterlagen ein Nachweis leichter fällt.

Der Grundsatz der Sachnähe des Geschäftsführers ist jedoch auch über die Beweislastregel des § 93 Abs. 2 S. 2 AktG hinaus zu berücksichtigen. Der Gesellschaft sind daher auch dann Beweiserleichterungen einzuräumen, wenn nicht nur die Pflichtwidrigkeit des Geschäftsführers sowie sein Verschulden in Frage stehen. So ist unter besonderen Umständen eine Beweiserleichterung auch im Hinblick auf den Schaden anzuerkennen. So kann aus tatsächlichen Anzeichen ein Indiz für einen Schaden zu entnehmen sein. Ergibt sich beispielsweise aus den Buchungsunterlagen ein Kassenfehlbetrag, so wird wegen der dem Geschäftsführer obliegenden Buchführungspflicht zugunsten der Gesellschaft vermutet, dass dieser Schaden tatsächlich eingetreten ist und nicht nur auf Buchungsfehlern beruht[274]. Das Risiko der Unaufklärbarkeit des Verbleibs von eingegangenen Mitteln liegt dann bei dem Geschäftsführer[275].

Problematisch ist die Beweislastumkehr im Falle von ausgeschiedenen Geschäftsführern, da sie zu den Geschäftsunterlagen keinen bzw. keinen ungehinderten Zugang mehr haben. In der Regel sehen die Anstellungsverträge oder die Geschäftsordnungen ausdrücklich vor, dass die Geschäftsführer bei ihrem Ausscheiden zur Rückgabe aller Geschäftsunterlagen nebst etwaiger Kopien verpflichtet sind. Eine solche Regelung wird allgemein als zulässig erachtet[276]. Die Gesellschaft hat daher den ausgeschiedenen Geschäftsführern das erforderliche Material zur Verfügung zu stellen sowie ihnen Einsicht in die Bücher und Schriften zu gewähren[277]. Die Durchsetzung dieses Anspruchs kann sich jedoch in der Praxis als schwierig erweisen.

---

[271] *Roth/Altmeppen* GmbHG § 43 Rn 104; *Prühs* GmbH-Geschäftsführer S. 137 f.

[272] BGHZ 152, 280, 284; *Hüffer* AktG § 93 Rn 16; *Thümmel* Persönliche Haftung von Managern und Aufsichtsräten Rn 226 f.; a. A. (allein das Verschulden ist Gegenstand der Beweislastregel) *Lutter/Hommelhoff* GmbHG § 43 Rn 31.

[273] *Hüffer* AktG § 93 Rn 16; *Thümmel* Persönliche Haftung von Managern und Aufsichtsräten Rn 226f.

[274] *Roth/Altmeppen* GmbHG § 43 Rn 106.

[275] BGH WM 1985, 1293 f.; BGH BB 1974, 994; *Hüffer* AktG § 93 Rn 17.

[276] BGH NZG 2008, 834; OLG Düsseldorf NZG 2007, 632.

[277] BGHZ 152, 280, 285; *Freund* GmbHR 2009, 1185, 1187 f.

4. Verjährung

Gemäß § 43 Abs. 4 GmbHG verjähren Ansprüche aus § 43 Abs. 1 bis 3 GmbHG innerhalb von fünf Jahren. Die Verjährung beginnt mit der Anspruchsentstehung, also grundsätzlich frühestens mit dem Eintritt des Schadens dem Grunde nach[278]. Ein Anspruch ist entstanden, soweit er erstmals gerichtlich geltend gemacht werden kann, sei es auch nur durch Feststellungsklage, so dass es auf eine konkrete Bezifferung des Schadens nicht ankommt[279]. In jedem Fall beginnt die Verjährung allerdings erst dann zu laufen, wenn die pflichtwidrige Handlung abgeschlossen ist. Dies ist in der Regel solange noch nicht der Fall, wie die begangene Pflichtverletzung von dem betreffenden Geschäftsführer verschwiegen wird[280].

Konkurrierende Schadenersatzansprüche aufgrund anderer Haftungsnormen als § 43 GmbHG verjähren selbständig nach den auf diese anwendbaren Regelungen, insbesondere den §§ 195, 199 Abs. 1 und 3 BGB. In der Regel gilt daher die dreijährige Verjährungsfrist des § 195 BGB. Sie beginnt mit dem Schluss des Jahres zu laufen, in dem der Anspruch entstanden ist und die Gesellschaft vom Schädiger und dem Schaden Kenntnis erlangt hat oder nur aufgrund grob fahrlässiger Unkenntnis nicht erlangt hat (§ 199 Abs. 1 BGB). Dies gilt auch dann, wenn die Haftung auf einer Schutzgesetzverletzung im Sinne von § 823 Abs. 2 BGB beruht und das anwendbare Schutzgesetz aus dem GmbH-Recht stammt[281].

VIII. Geltendmachung von Innenhaftungsansprüchen

Gemäß § 46 Nr. 8 GmbHG gehört die Geltendmachung von Ersatzansprüchen, *„welche der Gesellschaft aus der Gründung oder Geschäftsführung gegen Geschäftsführer [...] zustehen, sowie die Vertretung der Gesellschaft in Prozessen, welche sie gegen die Geschäftsführer zu führen hat“* zu dem Aufgabenkreis der Gesellschafter. Hierbei ist zwischen der Geltendmachung von Ersatzansprüchen und der Prozessvertretung zu unterscheiden.

1. Geltendmachung von Ersatzansprüchen durch die GmbH

Die Geltendmachung von Ersatzansprüchen, welche der Gesellschaft aus der Geschäftsführung gegen den Geschäftsführer zustehen, bedarf gemäß § 46 Nr. 8

---

278 *Zöllner/Noack* in Baumbach/Hueck GmbHG § 43 Rn 5.

279 BGHZ 100, 228, 231; *Thümmel* Persönliche Haftung von Managern und Aufsichtsräten Rn 231; *Plück/Lattwein* Haftungsrisiken für Manager S. 116.

280 *Thümmel* Persönliche Haftung von Managern und Aufsichtsräten Rn 232.

281 *Thümmel* Persönliche Haftung von Managern und Aufsichtsräten Rn 234; *Schneider* in Scholz § 43 GmbHG Rn 202; *Zöllner/Noack* in Baumbach/Hueck § 43 GmbHG Rn 58.

GmbHG eines Gesellschafterbeschlusses[282]. Ebenso ist ein Gesellschafterbeschluss für die Geltendmachung von Ansprüchen gegen ausgeschiedene Geschäftsführer notwendig. Ein förmlicher Gesellschafterbeschluss ist allerdings dann entbehrlich, wenn der Anspruch vom Alleingesellschafter und Geschäftsführer gelten gemacht wird[283].

Das Erfordernis eines Gesellschafterbeschlusses besteht hinsichtlich der Geschäftsführerhaftung wegen der Verletzung der organschaftlichen Pflichten aus § 43 GmbHG und für Ersatzansprüche der Gesellschaft gegen den Geschäftsführer aus anderen Pflichtverstößen, beispielsweise aus Delikt oder aus der Verletzung eines Wettbewerbverbots. Weiterhin entscheiden die Gesellschafter ebenso über die Geltendmachung von Unterlassungsansprüchen gegen Geschäftsführer wie auch über Verzicht, Stundung oder Vergleich[284].

Die Geltendmachung sonstiger Ansprüche gegen den Geschäftsführer als außenstehenden Dritten bedarf keines Gesellschafterbeschlusses[285]. Hierunter fallen beispielsweise der Anspruch auf Darlehensrückzahlung, oder andere Erfüllungsansprüche aus Rechtsgeschäften. Weiterhin bedarf es keines Gesellschafterbeschlusses, wenn die Ansprüche durch den Insolvenzverwalter geltend gemacht werden oder einem Gesellschafter aus eigenem Recht zustehen.

Der Beschluss selbst muss das vorgeworfene Fehlverhalten des Geschäftsführers und den Sachverhalt wiedergeben. Die Gesellschafter beschließen mit einfacher Mehrheit (§ 47 Abs. 1 GmbHG). Der gefasste Beschluss ist bindend. Wird die erforderliche Mehrheit nicht erreicht oder die Geltendmachung der Ansprüche abgelehnt, kann der Anspruch nicht geltend gemacht werden.

2. Prozessvertretung

Bei sämtlichen Aktiv- und Passivprozessen mit dem aktuellen Geschäftsführer müssen die Gesellschafter für die Vertretung der Gesellschaft sorgen, da die „normale“ Handlungsfähigkeit durch den Geschäftsführer nicht gesichert ist[286]. Auch wenn mehrere Geschäftsführer bestellt sind, müssen die Gesellschafter über die Vertretung der Gesellschaft entscheiden, da nicht sichergestellt ist, dass die unbeteiligten Geschäftsführer die Interessen der Gesellschaft unvoreingenommen vertreten werden[287]. Die Gesellschafter entscheiden darüber hinaus auch nach zutreffender, je-

---

[282] *Zöllner/Noack* in Baumbach/Hueck GmbHG § 43 Rn. 30.

[283] BGH NZG 2009, 1385.

[284] *Bayer* in Lutter/Hommelhoff GmbHG § 46 Rn 36.

[285] BGH GmbHR 2000, 1258; *Baumbach/Hueck* GmbHG § 43 Rn. 30; *Lutter/Hommelhoff* GmbHG § 46 Rn 37.

[286] BGHZ 116, 353, 355; OLG Oldenburg GmbHR 2010, 258, 259; *Zöllner* in Baumbach/Hueck GmbHG § 46 Rn 67.

[287] *Bayer* in Lutter/Hommelhoff GmbHG § 46 Rn 42.

doch bestrittener Auffassung über die Vertretung der Gesellschaft in allen Prozessen mit früheren Geschäftsführern[288].

Ist ein Aufsichtsrat vorhanden, wird die Gesellschaft in der Regel durch diesen vertreten (analog § 112 AktG). Bei Gesellschaften mit einem fakultativen Aufsichtsrat kann jedoch die Satzung eine andere Vertretungsregelung vorsehen. Bei einem Aufsichtsrat nach dem MitbestG vertritt dieser nach § 25 MitbestG i.V.m. § 112 AktG zwingend die Gesellschaft[289]. Streitig ist, ob § 147 Abs. 2 S. 1 AktG analog Anwendung findet[290]. Dieser gestattet auf Antrag von Aktionären, *„deren Anteile zusammen den zehnten Teil des Grundkapitals oder den anteiligen Betrag von einer Million Euro erreichen, als Vertreter der Gesellschaft zur Geltendmachung des Ersatzanspruchs andere als die nach den §§ 78, 112 […] zur Vertretung der Gesellschaft berufenen Personen zu bestellen, wenn ihm dies für eine gehörige Geltendmachung zweckmäßig erscheint"*.

Wer als Vertreter der Gesellschaft zur Geltendmachung der Ansprüche gegen den Geschäftsführer berufen wird, liegt im Ermessen der Gesellschafter. Dies kann ein Gesellschafter, ein Geschäftsführer oder ein gesellschaftsfremder Dritter sein. Dieser unterliegt den Weisungen der Gesamtheit der Gesellschafter, kann jedoch aus eigenem Recht Einsicht in die Bücher und Schriften der Gesellschaft nehmen, soweit dies für die Geltendmachung notwendig ist und die Gesellschafter nichts Gegenteiliges beschlossen haben.

---

[288] BGH DB 2008, 50, 51; *Wicke* GmbHG § 47 Rn 20; *Bayer* in Lutter/Hommelhoff GmbHG § 46 Rn 42; aA OLG Brandenburg NZG 1998, 466; *Zöllner* in Baumbach/Hueck GmbHG § 46 Rn 67; *Roth* in Roth/Altmeppen GmbHG § 46 Rn 57.

[289] *Bayer* in Lutter/Hommelhoff GmbHG § 46 Rn 43; *Habersack* in MünchKomm AktG § 112 Rn 6; *Roth* in Roth/Altmeppen GmbHG § 46 Rn 56.

[290] Bejahend *Bayer* in Lutter/Hommelhoff GmbHG § 46 Rn 43 m.w.N. auch zur Gegensansicht.

C. Außenhaftung des Geschäftsführers

I. Einleitung

Die Gesellschaft wird rechtsgeschäftlich durch den Geschäftsführer als organschaftlicher Vertreter der Gesellschaft gerichtlich und außergerichtlich vertreten (§ 35 Abs. 1 GmbHG). Tatsächliche, insbesondere deliktische Handlungen des Geschäftsführers, durch die gegenüber einem Dritten eine Schadenersatzverpflichtung entsteht und die der Geschäftsführer in Ausführung einer ihm zustehenden Verrichtung begangen hat, werden nach herrschender Meinung der Gesellschaft gemäß § 31 BGB zugerechnet[291]. Daher hat die Gesellschaft auch Dritten gegenüber grundsätzlich für das Handeln ihrer Organe in Ausübung ihrer Funktion einzustehen. Hierfür haben die Geschäftsführer gegenüber der Gesellschaft im Rahmen der Innenhaftung einzustehen. Dies schließt daneben eine persönliche Haftung des Geschäftsführers der Gesellschaft gegenüber Dritten wegen schädigenden Verhaltens nicht aus[292]. Spezialgesetzliche Außenhaftungsregelungen sind im GmbH-Recht die Ausnahme. Ein praxisrelevanter Beispielsfall ist § 40 Abs. 3 GmbHG. Geschäftsführer, die ihre Pflicht zur Einreichung einer aktualisierten Gesellschafterliste nicht, verspätet oder inhaltlich unrichtig nachkommen, haften außer gegenüber der Gesellschaft auch gegenüber den Gläubigern der Gesellschaft und gegenüber denjenigen Personen, deren Beteiligung an der GmbH sich geändert hat[293]. In der Praxis ergibt sich eine persönliche Außenhaftung des Geschäftsführers insbesondere aus dem Deliktsrecht.

II. Risiken und Pflichten in der Vor-GmbH

Für bestimmte Pflichtverletzungen im Lebenszyklus der Gesellschaft, wie beispielsweise Pflichtverletzungen der Geschäftsführer in der Gründungsphase der Gesellschaft, sieht das GmbH-Gesetz spezielle Anspruchsgrundlagen vor. In der Vorgründungsgesellschaft, d.h. vor Abschluss eines Gesellschaftsvertrags, haftet ein

---

[291] *Drescher* GmbH-Geschäftsführer Rn 536; *Jauernig* BGB § 31 Rn1.

[292] BGHZ 109, 297, 302; BGH NJW 1996, 1535, 1536; BGH NJW 1974, 1371, 1372.

[293] *Bayer* in Lutter/Hommelhoff GmbHG § 40 Rn 35; *Zöllner/Noack* in Baumbach/Hueck GmbHG § 40 Rn 44 ff.

Geschäftsführer für die von ihm vorgenommenen Geschäfte nicht, wenn diese durch die Vollmacht der Gründer umfasst waren[294].

Nach Abschluss eines Gesellschaftsvertrags, aber noch vor Eintragung in das Handelsregister, unterliegt die Vorgesellschaft weitgehend dem Recht des GmbH-Gesetzes. So findet § 43 GmbHG auch auf die Vor-GmbH Anwendung, so dass sich der Geschäftsführer bei Verstoß gegen seine Pflichten schadenersatzpflichtig machen kann[295].

In der Praxis wird der Geschäftsführer bereits vor Eintragung der Gesellschaft in das Handelsregister bestellt. Der Geschäftsführer darf für die Vor-GmbH sämtliche Geschäfte vornehmen, die für die Entstehung der Gesellschaft notwendig sind. Eine weiter reichende Vertretungsmacht kann ihm durch Zustimmung der Gesellschafter der Vor-GmbH erteilt werden[296].

Gemäß § 11 Abs. 2 GmbHG haften sämtliche Handelnde, die vor Eintragung der Gesellschaft für diese tätig waren, persönlich und solidarisch. Diese Regelung soll den Gläubigern der Vorgesellschaft ein Mindestmaß an Schutz bieten, da der Handelnde die Gesellschaft vor deren Entstehen nicht wirksam verpflichten kann. Der Gläubiger ist somit für den Fall geschützt, dass die Eintragung der Gesellschaft unterbleibt[297]. Die Handelndenhaftung endet mit Eintragung der Gesellschaft, was zu einer zügigen Eintragung veranlassen soll[298].

Nach höchstrichterlicher Rechtssprechung ist ein Handelnder nach § 11 Abs. 2 GmbHG nur derjenige, der als Geschäftsführer oder wie ein Geschäftsführer für die Vorgesellschaft rechtsgeschäftlich handelt[299]. Ein faktischer Geschäftsführer oder ein Geschäftsführer, der nicht zur Vornahme rechtsgeschäftlicher Handlungen bevollmächtigt war, unterliegt somit auch der persönlichen Handelndenhaftung nach § 11 Abs. 2 GmbHG. Mit einem Vertragspartner kann der Geschäftsführer vereinbaren, dass aufschiebend bedingt nur die spätere Gesellschaft verpflichtet wird und er somit einer persönliche Haftung entgeht.

Mit Eintragung der GmbH erlischt die Handelndenhaftung. Dies gilt nicht für Geschäfte, die vor Eintragung der Gesellschaft vom Geschäftsführer vorgenommen wurden, zu denen er jedoch nicht bevollmächtigt war. Diese begründen keine Ver-

---

[294] *Ziemons* in Oppenländer/Trölitzsch GmbH-Geschäftsführung § 21 Rn 22; *Drescher* GmbH-Geschäftsführer Rn 863.

[295] *Bayer* in Lutter/Hommelhoff GmbHG § 11 Rn 26f.; *Wicke* GmbHG § 11 Rn 13; *Drescher* GmbH-Geschäftsführer Rn 887.

[296] *Drescher* GmbH-Geschäftsführer Rn 867; *Waldner/Wölfel* So gründe und führe ich eine GmbH S. 73.

[297] *Bayer* in Lutter/Hommelhoff GmbHG § 11 Rn 24; *Roth* in Roth/Altmeppen GmbHG § 11 Rn 21f.; *Drescher* GmbH-Geschäftsführer Rn 872.

[298] *Bayer* in Lutter/Hommelhoff GmbHG § 11 Rn 24; *Drescher* GmbH-Geschäftsführer Rn 873.

[299] BGH NJW 2001, 2092.

bindlichkeiten seitens der Gesellschaft und eine persönliche Haftung bleibt auch nach Eintragung bestehen[300]. Der Geschäftsführer kann die Vor-GmbH nach Eintragung in Regress nehmen, wenn er zur Aufnahme des Geschäftsbetriebs ermächtigt war und er die Sorgfalt eines ordentlichen Geschäftsmanns angewandt hat[301].

III. Vertretungsmacht

1. Vertretung ohne Vertretungsmacht

Verfügt die Gesellschaft über mehrere Geschäftsführer, können diese gemäß § 35 Abs. 2 S. 1 GmbHG die Gesellschaft nur gemeinschaftlich vertreten. Der Gesellschaftsvertrag kann Abweichendes regeln, dies ist im Handelsregister einzutragen (§ 10 Abs. 1 S. 2 GmbHG). Wird bei bestehender Gesamtvertretung ein einzelner Geschäftsführer rechtgeschäftlich für die Gesellschaft tätig, wird diese nicht verpflichtet. Der Geschäftsführer selbst wird Vertragspartei und haftet dem Vertragspartner persönlich[302]. Eine Ausnahme hiervon existiert bei Bevollmächtigung des tätig gewordenen Geschäftsführers zur Vornahme des Rechtsgeschäfts durch die anderen Geschäftsführer. Auch eine nachträgliche Genehmigung durch die Geschäftsführer oder die Gesellschafter befreit den handelnden Geschäftsführer von seiner persönlichen Haftung (§ 179 Abs. 1 BGB). Weiterhin kann sich der handelnde Geschäftsführer zu seiner Verteidigung darauf berufen, dass der Vertragspartner den Mangel der Vertretungsmacht kannte oder kennen musste (§ 179 Abs. 3 BGB). Eine lediglich fahrlässige Unkenntnis reicht hierbei jedoch nicht aus[303].

2. Missbrauch der Vertretungsmacht

Generell haben Beschränkungen der Vertretungsmacht des Geschäftsführers in dem Gesellschaftsvertrag oder im Anstellungsvertrag keine Außenwirkung. Die andere Vertragspartei muss also nicht überprüfen, ob der für die Gesellschaft handelnde Geschäftsführer auch für das vorzunehmende Geschäft intern autorisiert ist. Übertritt der Geschäftsführer in seinem Handeln die internen Beschränkungen, wird aufgrund der fehlenden Außenwirkung die Gesellschaft aus dem getätigten Rechtsgeschäft verpflichtet. Die Grundsätze über den Missbrauch der Vertretungsmacht greifen erst dann ein, wenn der Vertragspartner der Gesellschaft weiß oder es sich ihm

---

300 *Drescher* GmbH-Geschäftsführer Rn 873.

301 *Ziemons* in Oppenländer/Trölitzsch GmbH-Geschäftsführung § 21 Rn 25; *Drescher* GmbH-Geschäftsführer Rn 876.

302 *Drescher* GmbH-Geschäftsführer Rn 469.

303 *Kleindiek* in Lutter/Hommelhoff GmbHG § 35 Rn 24; *Altmeppen* in Roth/Altmeppen GmbHG § 37 Rn 42.

aufdrängen musste, dass der Geschäftsführer die internen Grenzen seiner Vertretungsmacht überschreitet[304].

Liegt ein Missbrauch der Vertretungsmacht vor und wusste dies der Vertragspartner oder musste es sich ihm aufdrängen, verpflichtet sich der handelnde Geschäftsführer persönlich aus dem getätigten Rechtsgeschäft[305]. Ein Missbrauch der Vertretungsmacht kommt insbesondere dann in Betracht, wenn die Vertragskonditionen beim Abschluss grob nachteilig für die Gesellschaft sind, oder wenn der Vertragspartner der Gesellschaft weitgehenden Einfluss auf die Bestimmung der Vertragsbedingungen hat[306].

Für eine persönliche Haftung des Geschäftsführers reicht es aus, dass dieser bewusst gegen die internen Beschränkungen verstößt. Ein für die Gesellschaft nachteiliges Handeln wird nicht vorausgesetzt[307].

IV. Verschulden bei Vertragsabschluss

Für den Geschäftsführer kann sich eine persönliche Haftung nach § 311 Abs. 3 S. 2 BGB bei Inanspruchnahme besonderen Vertrauens des Geschäftspartners bei Vertragsverhandlungen ergeben[308]. Die schuldhafte Verletzung von vorvertraglichen Pflichten (culpa in contrahendo) kann in besonderen Umständen zu einer persönlichen Haftung führen. Voraussetzung hierfür ist, dass der Geschäftsführer in besonderem Maße Vertrauen für sich in Anspruch nimmt und dadurch die Vertragsverhandlungen oder den Vertragsabschluss erheblich beeinflusst.

Grundsätzlich nimmt der Geschäftsführer nur das normale Verhandlungsvertrauen in Anspruch, für das die Gesellschaft einzustehen hat[309]. Geht er jedoch über das normale Verhandlungsvertrauen hinaus und nimmt persönliches Vertrauen in Anspruch, um beispielsweise den Geschäftspartner von dem Abschluss des Vertrags zu überzeugen, haftet dieser der Vertragspartei persönlich für die besondere Vertrauensstellung[310]. So ergibt sich dieses besondere Vertrauen beispielsweise dann, wenn der Geschäftsführer sich als besonderer Fachmann ausgibt[311], er erklärt, dass er per-

---

[304] BGH WM 1988, 704, 706.

[305] BGH NJW 2006, 2776.

[306] BGH NJW 1996, 589, 590; *Altmeppen* in Roth/Altmeppen GmbHG § 37 Rn 39.

[307] BGH NJW 2006, 2776.

[308] *Zöllner/Noack* in Baumbach/Hueck GmbHG § 43 Rn 70; *Drescher* GmbH-Geschäftsführer Rn 481.

[309] *Drescher* GmbH-Geschäftsführer Rn 481.

[310] *Kleindiek* in Lutter/Hommelhoff GmbHG § 43 Rn 65; *Steffan* in Oppenländer/Trölitzsch GmbH-Geschäftsführung § 36 Rn 147; *Zöllner/Noack* in Baumbach/Hueck GmbHG § 43 Rn 71.

[311] BGH ZIP 1990, 1402.

sönlich für die Bezahlung einstehe[312] oder er verspricht, in einer wirtschaftlich schweren Situation der Gesellschaft Geld zur Verfügung zu stellen[313].

V. Rechtsscheinhaftung

Für den Geschäftsführer kann sich neben der Haftung der Gesellschaft eine persönliche Haftung kraft Rechtsscheins ergeben, wenn er im Rahmen geschäftlicher Verhandlungen ohne Rechtsformzusatz nach § 4 GmbHG auftritt und den Anschein erweckt, in eigenem Namen zu handeln[314]. Diese Rechtsscheinhaftung trifft immer nur den Handelnden[315] und kann auch Gesellschafter oder Vertreter der Gesellschaft, wie beispielsweise Prokuristen treffen. Grund hierfür ist der Grundsatz der unbeschränkten Haftung im Handelsrecht. Jedermann darf darauf vertrauen, dass sein Verhandlungspartner unbeschränkt haftet, es sei denn, dieser weist auf eine beschränkte Haftung hin[316]. Unerheblich ist, ob der Vertragspartner durch Einsichtnahme in das Handelsregister erkennen konnte, dass der Handelnde eigentlich im Namen der Gesellschaft und nicht für sich selber handelt[317].

Die aus dem Verstoß gegen § 4 GmbHG abgeleitete Haftung gilt zunächst nur für schriftliche Willenserklärungen, bei denen nicht auf das Handeln für eine GmbH hingewiesen wurde. Für eine Rechtsscheinhaftung reicht es nicht aus, bei mündlich geschlossenen Rechtsgeschäften den „GmbH-Zusatz" weggelassen zu haben[318]. Der Handelnde macht sich nur dann haftbar, wenn er ein Handeln im Namen der GmbH ausdrücklich verneint hat[319].

Voraussetzung für die Rechtsscheinhaftung ist, dass der Vertragspartner weder wusste noch wissen musste, dass der Handelnde eigentlich für eine GmbH auftritt. Die Darlegungs- und Beweislast trägt derjenige, der durch sein Handeln einer Rechtsscheinhaftung unterliegt. Behauptet der Geschäftsführer, er habe die Vertragspartei bezüglich des Handelns für die GmbH mündlich darauf hingewiesen, trifft ihn die Beweislast.

---

[312] OLG Zweibrücken NZG 2002, 423; *Steffan* in Oppenländer/Trölitzsch GmbH-Geschäftsführung § 36 Rn 147.

[313] BGH NZG 2001, 888.

[314] *Altmeppen* in Roth/Altmeppen GmbHG § 4 Rn 49; *Drescher* GmbH-Geschäftsführer Rn 495.

[315] BGH NJW 2007, 1529; *Roth* in Roth/Altmeppen GmbHG § 4 Rn 49.

[316] *Paefgen* in Ulmer/Habersack/Winter GmbHG § 43 Rn 193; *Drescher* GmbH-Geschäftsführer Rn 498.

[317] BGH NJW 1991, 2627.

[318] *Hueck/Fastrich* in Baumbach/Hueck GmbHG § 4 Rn 15; a.A. bei Vorlage einer Visitenkarte ohne Hinweis auf eine beschränkte Haftung OLG Naumburg NJW-RR 1997, 1324, 1325; LG Wuppertal NZG 2002, 297.

[319] BGH NJW 1996, 2645.

VI. Deliktische Haftung

Die Anzahl der spezialgesetzlich geregelten Fälle der Außenhaftung des Geschäftsführers ist eng begrenzt. Insbesondere handelt es sich bei den Vorschriften über die Innenhaftung des Geschäftsführers nicht um Schutzgesetze im Sinne von § 823 Abs. 2 BGB zugunsten Dritter. Aus ihnen ist allein die Gesellschaft anspruchsberechtigt[320]. In der Praxis richtet sich die Außenhaftung des Geschäftsführers daher vor allem nach den allgemeinen Regeln, insbesondere den deliktsrechtlichen Vorschriften.

Grundsätzlich haftet die Gesellschaft für ein deliktisches Handeln ihrer Organe. Die Gesellschaft haftet Dritten dann auf Schadenersatz nach § 31 BGB, wenn der Geschäftsführer innerhalb seines Wirkungskreises tätig geworden ist. Eine Überschreitung seiner Vertretungsmacht verhindert nicht die Haftung der Gesellschaft. Auch kann sich die Gesellschaft für ein Handeln ihrer Organe nicht nach § 831 BGB exkulpieren[321].

Für den Geschäftsführer kommt eine persönliche Haftung für deliktisches Handeln in Betracht. Begeht der Geschäftsführer eine unerlaubte Handlung oder macht er sich einer Straftat schuldig, die ein Schutzgesetz im Rahmen von § 823 Abs. 2 BGB verletzt, macht er sich persönlich schadenersatzpflichtig. Eine persönliche Haftung liegt auch dann vor, wenn der Geschäftsführer zwar nicht unmittelbar an der haftungsverursachenden Handlung mitgewirkt hat, aber von der deliktischen Handlung in seinem Wirkungskreis wusste und diese hätte verhindern können[322].

1. Organisationsverschulden

Für ein Handeln von Mitarbeitern muss der Geschäftsführer grundsätzlich nicht einstehen, da die Gesellschaft der Geschäftsherr nach § 831 BGB ist[323]. Jedoch kann sich der Geschäftsführer persönlich haftbar machen, wenn ihm ein Organisationsverschulden vorgeworfen wird, dass zu einer Schädigung geführt hat. Der Geschäftsführer muss durch ausreichend organisatorische Maßnahmen dafür sorgen, dass Dritte vor einer Schädigung geschützt werden[324]. Die Verantwortlichkeit für die einer juristischen Person zuzurechnende Schädigung trifft unter besonde-

---

[320] OLG München NJW-RR 1996, 746, 747; LG Düsseldorf AG 1991, 70, 71; *Thümmel* Persönliche Haftung von Managern und Aufsichtsräten Rn 401.

[321] *Drescher* GmbH-Geschäftsführer Rn 536; *Jauernig* BGB § 31 Rn1.

[322] BGH NJW-RR 1998, 250, 252.

[323] *Altmeppen* in Roth/Altmeppen GmbHG § 43 Rn 56; *Ziemons* in Oppenländer/Trölitzsch GmbH-Geschäftsführung § 21 Rn 16; Wicke GmbHG § 43 Rn 7; *Drescher* GmbH-Geschäftsführer Rn 544.

[324] *Drescher* GmbH-Geschäftsführer Rn 545.

ren Voraussetzungen auch den Geschäftsführer, selbst wenn er nicht eigenhändig geschädigt hat, aber die Ursache für die Schädigung in Versäumnissen bei der ihm übertragenen Organisation und Kontrolle zu suchen ist[325]. Die persönliche Haftung für den Geschäftsführer ergibt sich also dann, wenn mit den Pflichten aus der Organstellung gegenüber der Gesellschaft Pflichten einhergehen, die von dem Geschäftsführer aus besonderen Gründen auch persönlich gegenüber dem Dritten zu erfüllen sind. Dies ist der Fall, wenn der Geschäftsführer eine Garantenstellung zum Schutz fremder Schutzgüter i. S. d. § 823 Abs. 1 BGB innehat oder ihm als Aufgabe zugewiesen wird[326]. Das OLG Hamburg hat ein Organisationsverschulden darin gesehen, dass sich ein Geschäftsführer einer in Deutschland tätigen Gesellschaft seit der Gründung dauerhaft im Ausland aufgehalten hatte[327]. Dieser wurde trotz fehlender Kenntnis von den begangenen Schutzrechtsverletzungen für diese haftbar gemacht.

2. Produkthaftung

Unter Produkthaftung versteht man die Haftung des Herstellers für Personen- oder Sachschäden, die aus der bestimmungsgemäßen Benutzung der Produkte durch den Verbraucher oder sonstige Personen infolge eines Fehlers des Erzeugnisses eintreten[328]. § 1 ProdHaftG oder die spezialgesetzlichen Produkthaftungsregelungen wie beispielsweise § 84 Arzneimittelgesetz (AMG) begründen allein eine Haftung des Herstellers des schadenstiftenden Produktes bzw. bei Arzneimitteln des pharmazeutischen Unternehmers[329]. Nicht erfasst wird von der danach begründeten, verschuldensunabhängigen Gefährdungshaftung der Geschäftsführer der Gesellschaft. Seine Haftung richtet sich allein nach dem allgemeinen Deliktsrecht, insbesondere § 823 Abs. 1 BGB[330].

Die Haftung nach § 823 Abs. 1 BGB setzt grundsätzlich Verschulden voraus. Es liegt in dem zumindest fahrlässigen Verstoß gegen eine Verkehrssicherungspflicht bei in Verkehrbringen des fehlerhaften Produktes. In der Praxis haben sich eine Reihe von Verkehrssicherungspflichten herausgebildet, die neben dem Hersteller der Produkte, also der Gesellschaft selber, auch den Geschäftsführer treffen. Danach obliegt dem Hersteller und seinem Geschäftsführer eine Organisations-

---

[325] BGH NJW 1990, 976, 978.

[326] BGH NJW 1990, 976, 977 f.

[327] OLG Hamburg GmbHR 2002, 912.

[328] *Sprau* in Palandt Einf. ProdHaftG Rn 1; *Thümmel* Persönliche Haftung von Managern und Aufsichtsräten Rn 427.

[329] *Sprau* in Palandt § 1 ProdHaftG Rn 12; *Thümmel* Persönliche Haftung von Managern und Aufsichtsräten Rn 427.

[330] *Thümmel* Persönliche Haftung von Managern und Aufsichtsräten Rn 427; *Plück/Lattwein* Haftungsrisiken für Manager S. 144; *Wagner* VersR 2001, 1057 ff.; *Sprau* in Palandt § 823 BGB Rn 166.

pflicht, den Betrieb so einzurichten, dass Fehler durch Kontrollen entdeckt und möglichst ausgeschaltet werden[331]. Zudem obliegt ihnen eine Instruktionspflicht. Danach haben sie Kunden und Dritte auf mögliche Risiken hinzuweisen und entsprechende Warnungen und Hinweise auf dem Produkt anzubringen[332]. Ferner obliegt ihnen eine Produktbeobachtungspflicht. Danach haben sie die Produkte ab Inverkehrbringen auf noch unbekannt gebliebene, schädliche Eigenschaften und sonstige, eine Gefahrenlage schaffende Verwendungsfolgen zu beobachten[333] und erkannte Gefahren im Rahmen des Zumutbaren abzuwenden[334]. Schließlich obliegt ihnen eine Rückrufpflicht hinsichtlich gesundheits- oder lebensgefährdender Produkte[335].

Haftungsverschärfend für Geschäftsführer wirkt sich dabei die von der Rechtsprechung entwickelte Beweislastumkehr aus, nach der nicht der sich auf § 823 BGB berufende Geschädigte das Verschulden des Geschäftsführers nachweisen muss, sondern wegen der größeren Nähe zur betreffenden Gefahrenquelle der in Anspruch genommene Geschäftsführer[336].

VII. Verletzung von Schutzgesetzen

Verstößt der Geschäftsführer gegen ein Schutzgesetz im Sinne des § 823 Abs. 2 BGB, das gerade den Schutz des Dritten bezweckt, macht er sich für den Schaden persönlich haftbar. Zu den praxisrelevanten Schutzgesetzen gehören unter anderem der Subventionsbetrug (§ 264 StGB), die Untreue (§ 266 StGB) sowie das Vorenthalten von Sozialversicherungsbeiträgen (§ 266a StGB). Keine Schutzgesetze sind hingegen § 130 OWiG (Aufsichtspflichtverletzung) und § 41 GmbHG (Buchführungspflicht)[337].

---

[331] BGHZ 104, 323, 326 f.; BGH NJW 1995, 2162, 2163 f.; *Sprau* in Palandt § 823 BGB Rn 170.

[332] *Sprau* in Palandt § 823 BGB Rn 171.

[333] BGHZ 80, 199; *Sprau* in Palandt § 823 BGB Rn 172.

[334] BGH NJW 1994, 3349, 3350; *Sprau* in Palandt § 823 BGB Rn 172.

[335] BGH NJW 1990, 2560; *Sprau* in Palandt § 823 BGB Rn 173; *Plück/Lattwein* Haftungsrisiken für Manager S. 144; *Thümmel* Persönliche Haftung von Managern und Aufsichtsräten Rn 428.

[336] BGHZ 51, 91, 103 ff.; BGHZ 80, 186, 196 ff.; BGHZ 116, 104, 107 ff.; kritisch *Drescher* GmbH-Geschäftsführer Rn 564; *Wellhöfer* in Wellhöfer/Peltzer/Müller Haftung § 5 Rn 105.

[337] BGH NJW 1994, 1801, 1803f.; *Wellhöfer* in Wellhöfer/Peltzer/Müller Haftung § 3 Rn 46; *Drescher* GmbH-Geschäftsführer Rn 626 ff.

1. Subventionsbetrug

Nach § 264 StGB macht sich derjenige strafbar, der entgegen den Rechtsvorschriften den Subventionsgeber leichtfertig über subventionserhebliche Tatsachen in Unkenntnis lässt. Der Geschäftsführer macht sich bereits bei leichtfertigem Handeln strafbar (§ 264 Abs. 4 StGB). So wurde beispielsweise ein Geschäftsführer wegen Subventionsbetrug verurteilt, der blindlings einen wahrheitswidrigen Subventionsantrag auf Personalkostenzuschüsse unterzeichnet hatte[338].

2. Untreue

Ein Geschäftsführer macht sich gemäß § 266 StGB dann der Untreue strafbar, wenn er das Vermögen der Gesellschaft unter Ausnutzung seiner Vertrauensstellung vorsätzlich schädigt. Nach der Rechtsprechung des BGH ist dem Geschäftsführer bei seinen in Ausfüllung der gesellschaftsrechtlichen Pflichten getroffenen Entscheidungen ein weiter Ermessensspielraum zuzubilligen. Danach ist eine Pflichtverletzung nicht anzunehmen, solange die Grenzen, in denen sich ein von Verantwortungsbewusstsein getragenes, ausschließlich am Unternehmenswohl orientiertes, auf sorgfältiger Ermittlung der Entscheidungsgrundlagen beruhendes unternehmerisches Handeln bewegen muss, nicht überschritten sind[339]. Werden jedoch die äußersten Grenzen unternehmerischer Entscheidungsfreiheit überschritten und wird dadurch eine Hauptpflicht gegenüber dem zu betreuenden Unternehmen verletzt, so liegt eine Verletzung gesellschaftsrechtlicher Pflichten vor, die so gravierend sein kann, dass sie zugleich den Tatbestand des § 266 StGB erfüllt[340].

Nicht zuletzt durch das „Mannesmann"-Urteil des BGH hat diese Strafnorm eine ganz neue Qualität im Unternehmensrecht erhalten[341]. Wer eine Untreue gemäß § 266 StGB begeht, wird mit einer Geldstrafe oder Freiheitsstrafe bis zu fünf Jahren bestraft. In besonders schweren Fällen beläuft sich der Strafrahmen auf Freiheitsstrafe von sechs Monaten bis zu zehn Jahren. Zu unterscheiden sind der Missbrauchstatbestand des § 266 Abs. 1 1. Alt. StGB und der Treuebruchstatbestand des § 266 Abs. 1 2. Alt. StGB. Der Missbrauchstatbestand setzt voraus, dass der Geschäftsführer seine Verfügungsbefugnis über das für ihn fremde Vermögen der Gesellschaft missbraucht. Der Treuebruchstatbestand wird durch tatsächliches Einwirken auf das Vermögen verwirklicht[342]. Das kann der Griff in die Kasse, der

---

[338] BGH NJW 1989, 974.

[339] BGHZ 135, 244, 253.

[340] BGH DB 2009, 2089; BGH AG 2006, 85, 86; BGHZ 135, 244, 253; zur Einhaltung des Bestimmtheitsgebot des Art. 103 Abs. 2 GG vgl. BVerfG ZIP 2010, 1596.

[341] BGH NJW 2006, 522 ff.; *Wellhöfer* in Wellhöfer/Peltzer/Müller Haftung § 6 Rn 82; kritisch dazu *Ransiek* NJW 2006, 814 ff.

[342] *Ott/Vuia* in MünchKomm InsO § 80 Rn 148; *Wellhöfer* in Wellhöfer/Peltzer/Müller Haftung § 6 Rn 85; *Zieschang* in Park Kapitalmarktstrafrecht S. 140; *Lencker/Perron* in Schönke/Schröder § 266 StGB Rn 2 ff.; *Mansdörfer* JuS 2009, 114, 115.

Verbrauch anvertrauter Gelder oder die Vernichtung von Urkunden sein[343]. Auf der subjektiven Tatbestandsseite erfordert die Verwirklichung der Untreue nach Rechtsprechung des Bundesgerichtshofs nicht nur die Kenntnis des Täters von der konkreten Möglichkeit eines Schadenseintritts und das Inkaufnehmen dieser konkreten Gefahr, sondern darüber hinaus eine Billigung der Realisierung dieser Gefahr. Hierbei ist es ausreichend, dass der Täter sich mit dem Eintritt des ihm unerwünschten Erfolges abfindet[344].

Das LG München I hat die Untreue eines Geschäftsführers in dem Fall bejaht, in dem der Geschäftsführer die Wohnraumkaution nicht wie gesetzlich vorgeschrieben getrennt von dem Gesellschaftsvermögen angelegt hatte; dies führte zu einer Außenhaftung des Geschäftsführers[345]. Die spätere Insolvenz der Gesellschaft verhinderte eine Rückerstattung der geleisteten Kautionen, woraufhin der Geschäftsführer verurteilt wurde.

Der Bundesgerichtshof hat eine Strafbarkeit eines Geschäftsführers wegen Untreue bejaht, der unter Verstoß gegen § 43 Abs. 1 GmbHG und unter Verletzung von Buchführungsvorschriften eine schwarze Kasse im Ausland errichtet hatte[346]. Ein den Untreuetatbestand ausschließendes Einverständnis der Mehrheit der Gesellschafter einer GmbH setzt hierbei voraus, dass auch die Minderheitsgesellschafter mit der Frage der Billigung der Pflichtwidrigkeit befasst waren[347].

3. Vorenthaltung von Sozialversicherungsbeiträgen

Wer als Arbeitgeber der Einzugsstelle Beiträge des Arbeitnehmers zur Sozialversicherung einschließlich der Arbeitsförderung vorenthält, wird mit Freiheitsstrafe bis zu fünf Jahren oder mit Geldstrafe bestraft (§ 266a StGB). Nicht von Bedeutung ist es, ob überhaupt Lohn an die Arbeitnehmer ausgezahlt wird[348]. Der Geschäftsführer als zur Vertretung berechtigtes Organ der Gesellschaft macht sich für das Vorenthalten von Sozialversicherungsbeiträgen gemäß § 823 Abs. 2 BGB i. V. m. § 266a StGB strafbar. Weiterhin haftet er deliktsrechtlich auf Schadenersatz. Dies gilt nicht für Arbeitgeberanteile, da die Nichtabführung nicht nach § 266a Abs. 1 StGB strafbewehrt ist[349].

---

[343] *Fuhrmann* in Geßler/Hefermehl/Eckardt/Kropff Vor § 399 AktG Rn 7; *Mansdörfer* JuS 2009, 114, 117.

[344] BGH NJW 2007, 1760; *Ransiek* NJW 2007, 1727, 1730; zustimmend *Keul* DB 2007, 728, 730.

[345] LG München I NStZ 1991, 134.

[346] BGH BB 2010, 2590.

[347] BGH BB 2010, 2590, 2592.

[348] *Kleindiek* in Lutter/Hommelhoff § 43 Rn 83; *Drescher* GmbH-Geschäftsführer Rn 570.

[349] BGH ZIP 2009, 1468.

Haftungsvoraussetzung ist, dass die Gesellschaft zum Zeitpunkt der Fälligkeit der Beiträge die Möglichkeit hat, die Beiträge abzuführen[350]. Ist eine Zahlung unmöglich, kommt eine strafrechtliche und zivilrechtliche Haftung nicht in Frage. Das Abführen der Beiträge ist dann unmöglich, wenn der Fälligkeitszeitpunkt nach Eröffnung des Insolvenzverfahrens liegt[351]. Unmöglichkeit liegt jedoch beispielsweise dann nicht vor, wenn die Gesellschaft Zahlungen an andere Gesellschaftsgläubiger leistet, die nicht mit der Sorgfalt eines ordentlichen Geschäftsmanns vereinbar sind[352] oder die Gesellschaft ihre Kreditlinien noch nicht ausgeschöpft hat[353].

Sollten Anzeichen bestehen, dass am Fälligkeitstag keine ausreichenden Mittel vorhanden sind, um die Beiträge abzuführen, verlangt die Rechtsprechung, dass geeignete Vorkehrungen ergriffen werden. Dies bedeutet, dass ggf. Löhne reduziert werden müssen oder gar keine mehr ausgezahlt werden[354]. Sorgt der Geschäftsführer in einem solchen Fall nicht vor, macht er sich haftbar, selbst wenn zu dem Fälligkeitszeitpunkt die Abführung der Beiträge unmöglich ist[355].

Um eine Haftung nach § 266a StGB zu begründen, bedarf es einer vorsätzlichen Handlung des Geschäftsführers. Es muss das Bewusstsein und der Wille vorliegen, die fälligen Beiträge nicht abzuführen[356]. *„Bewusstsein und Wille, von der gebotenen Abführung der Beiträge bei Fälligkeit abzusehen, sind nach den für den bedingten Vorsatz geltenden Regeln vorhanden, wenn der Geschäftsführer eine für möglich gehaltene Beitragsvorenthaltung billigt und nicht auf die Erfüllung der Ansprüche der Sozialversicherungsträger hinwirkt"*[357]. Es reicht aus, wenn es der Geschäftsführer billigend in Kauf nimmt, dass die fälligen Beiträge möglicherweise vorenthalten werden. Die Kenntnis des Geschäftsführers von Umständen, die eine Pflicht zur Abführung der Sozialversicherungsbeiträge begründen, ist hierbei ausreichend[358]. In einem solchen Fall ist es für den Geschäftsführer in der Praxis überaus schwer, den Vorwurf vorsätzlichen Handelns auszuräumen. So bejaht der Bundesgerichtshof den Vorsatz in den folgenden Fällen:

– Der Gesellschaft wurden in der Vergangenheit häufiger Stundungen der Abgabenzahlung gewährt. *„Die Bitte um erneute Stundung und das Vertrauen der Gesellschaft darauf, dass sie auch weiterhin gewährt werde, können den Vorsatz im strafrechtlichen*

---

[350] *Wagner* in MünchKomm BGB § 823 Rn 407; *Tillmann/Mohr* GmbH-Geschäftsführer Rn 619.

[351] *Kleindiek* in Lutter/Hommelhoff § 43 Rn 84; *Wagner* in MünchKomm BGB § 823 Rn 409.

[352] BGH NZG 2010, 305; BGH NZG 2009, 32; BGH NJW-RR 2008, 1253.

[353] BGH GmbHR 2000, 816.

[354] *Kleindiek* in Lutter/Hommelhoff § 43 Rn 85; *Drescher* GmbH-Geschäftsführer Rn 584.

[355] BGH NJW 1997, 1237; OLG Koblenz GmbHR 2010, 650, 651.

[356] *Drescher* GmbH-Geschäftsführer Rn 597.

[357] BGH NZG 2008, 628, 629.

[358] BGH NJW 1997, 130, 133.

Sinne nicht ausschließen, weil das Vertrauen auf nochmalige Stundung bzw. Zahlungsaufschub lediglich zu einem Verbotsirrtum führen kann, der nur bei Unvermeidbarkeit die Schuld entfallen, in jedem Falle aber den Vorsatz unberührt ließe"[359].

- Wenn der Geschäftsführer darauf vertraut, dass die Bank ihm wie in der Vergangenheit einen Kredit gewährt und den Scheck, der zur Zahlung der fälligen Sozialversicherungsabgaben gedacht war, einlöst, so nimmt dieser ein Vorenthalten der Abgabenzahlung billigend in Kauf[360].
- Ein Geschäftsführer ist von seiner Pflicht zur Leistung der Abgabenzahlung „*nicht schon deshalb enthoben, weil er ständig unter Kopfschmerzen litt und mit Morphiumspritzen behandelt werden musste*"[361].

Das Auszahlungsverbot nach Eintritt der Insolvenzreife gemäß § 64 S. 1 GmbHG betrifft nicht die Pflicht zur Abgabe der Sozialversicherungsbeiträge der Arbeitnehmer, deren Zahlung mit den Pflichten eines ordnungsgemäß und gewissenhaft handelnden Geschäftsleiters im Sinne des § 64 S. 2 GmbHG vereinbar ist[362].

Darlegungs- und beweislastpflichtig ist der Sozialversicherungsträger. Selbst bei objektiv feststehendem Pflichtverhalten des Geschäftsführers wird die Beweislast nicht umgekehrt[363].

4. Insolvenzverschleppung

Der Geschäftsführer hat bei Zahlungsunfähigkeit oder Überschuldung der Gesellschaft nach § 15a Abs. 1 S. 1 InsO unverzüglich, spätestens aber innerhalb von drei Wochen nach Eintritt der Zahlungsunfähigkeit oder der Überschuldung, die Eröffnung des Insolvenzverfahrens zu beantragen. § 15a InsO ist ein Schutzgesetz im Sinne des § 823 Abs. 2 BGB[364]. Ein Gläubiger der Gesellschaft kann demnach einen Geschäftsführer, der den Insolvenzantrag zu spät gestellt hat, unmittelbar aus deliktischer Haftung auf Schadenersatz in Anspruch nehmen, wenn er hierdurch einen Schaden erlitten hat. Ein Schaden des Gläubigers kann bei verspäteter Beantragung in der verminderten Insolvenzquote liegen, sofern die Gesellschaft weiterhin masseschmälernde Geschäfte getätigt hat. Auch kann dem Gläubiger dadurch ein Schaden entstehen, dass er nach Eintritt der Insolvenzreife mit der Gesellschaft Verträge abschließt und trotz Erfüllung seiner Verbindlichkeit die vereinbarte Gegenleistung ausbleibt.

---

[359] BGH NJW 1997, 130, 133.
[360] BGH NJW 1992, 177, 178.
[361] BGH NJW 1997, 130, 133.
[362] BGH NJW-RR 2008, 1253; BGH NJW 2007, 2188; *Kleindiek* in Lutter/Hommelhoff GmbHG § 64 Rn 13.
[363] BGH NJW 2005, 2546; *Drescher* GmbH-Geschäftsführer Rn 615.
[364] *Wagner* in MünchKomm BGB § 823 Rn 396; siehe BGH NJW 1994, 2220 zum vormals einschlägigen § 64 Abs. 1 GmbHG a.F.

Sämtliche Geschäftsführer sind verpflichtet, Insolvenzantrag zu stellen. Eine etwaige Ressortaufteilung ist hierbei ebenso irrelevant wie eine einschränkende Regelung in dem Gesellschaftsvertrag oder ein Gesellschafterbeschluss. Selbst wenn ein Gläubiger bereits Insolvenzantrag gestellt hat, besteht die Antragspflicht der Geschäftsführer weiterhin fort. Grund hierfür ist die Möglichkeit des Gläubigers, jederzeit seinen Antrag wieder zurückziehen zu können[365]. Erst wenn die Entscheidung des Insolvenzgerichts über die Eröffnung des Insolvenzverfahrens ergangen ist, entfällt die Antragspflicht. Im Falle einer „führerlosen Gesellschaft", also bei Fehlen eines Geschäftsführers, obliegt die Insolvenzantragspflicht den Gesellschaftern (§ 15a Abs. 3 InsO).

Zweck der Antragspflicht nach Eintritt der Zahlungsunfähigkeit oder der Überschuldung der Gesellschaft ist es, haftungsbeschränkte Gebilde, die lebensunfähig sind, vom Markt zu nehmen. Aus diesen Gründen besteht die Antragspflicht auch dann, wenn sämtliche Gläubiger und Gesellschafter der Gesellschaft dem Stellen eines Insolvenzantrags widersprochen haben[366].

Verstößt der Geschäftsführer gegen die Verpflichtung zur Insolvenzantragstellung gemäß § 15a Abs. 1 InsO, kann den Gläubigern der Gesellschaft ein Schaden entstehen, sofern sich die zu ihrer Befriedigung zur Verfügung stehende Vermögensmasse durch die weitere Geschäftstätigkeit der Gesellschaft verringert. Dies ist in der Praxis in der Regel der Fall. Bei der konkreten Berechnung des Schadens des jeweiligen Gläubigers ist zu unterscheiden, ob die Forderung des Gläubigers bereits vor Eintritt der Insolvenzreife entstanden ist (so genannte Altgläubiger) oder erst danach (so genannte Neugläubiger).

Altgläubigern steht allein ein Anspruch auf den Quotenschaden zu. Dies ist der Betrag, um den sich die Insolvenzquote, die der Gläubiger bei rechtzeitigem Insolvenzantrag erhalten hätte, infolge der Verzögerung der Antragstellung verringert hat[367]. Neugläubiger der Gesellschaft genießen hingegen vollen Vermögensschutz. Sie haben Anspruch auf Ersatz ihres Vertrauensschadens[368]. Den Neugläubigern ist derjenige Schaden zu ersetzen, der dadurch entstanden ist, dass sie überhaupt Gläubiger der Gesellschaft geworden sind. Erfasst werden alle Aufwendungen, die der Neugläubiger im Hinblick auf die Erbringung einer vertraglichen Gegenleistung hatte[369]. Ein Anspruch des Neugläubigers auf den entgangenen Gewinn besteht nur dann, wenn ihm wegen des Vertragsschlusses mit der insolventen Gesellschaft ein Gewinn entgangen ist, den er ansonsten anderweitig hätte erzielen können[370]. Hin-

---

[365] BGH NJW 2009, 157.

[366] *Haas* in Baumbach/Hueck GmbHG § 64 Rn 114; *Drescher* GmbH-Geschäftsführer Rn 642.

[367] *Wicke* GmbHG § 64 Rn 15; *Drescher* GmbH-Geschäftsführer Rn 668.

[368] *Wicke* GmbHG § 64 Rn 15; *Drescher* GmbH-Geschäftsführer Rn 681f.

[369] BGH NZG 2009, 750, 751; *Drescher* GmbH-Geschäftsführer Rn 684.

[370] BGH NZG 2009, 750, 751.

tergrund für den in der Regel nicht bestehenden Anspruch auf den entgangenen Gewinn ist die Tatsache, dass die betroffenen Gläubiger bei rechtzeitiger Insolvenzantragstellung gar nicht Gläubiger der Gesellschaft geworden wären[371].

Den Neugläubiger trifft ein Mitverschulden nach § 254 BGB, wenn er von der bedrohten Solvenz der Gesellschaft gewusst hat oder zumindest hätte wissen müssen[372].

Die deliktische Haftung des Geschäftsführers setzt Fahrlässigkeit voraus. Hierfür reicht die Erkennbarkeit der Insolvenzreife der Gesellschaft aus. Nimmt ein Gläubiger der Gesellschaft den Geschäftsführer aufgrund der verspäteten Antragsstellung auf Schadenersatz in Anspruch, so obliegt dem Gläubiger die Darlegungs- und ggf. die Beweislast für das Vorliegen von Zahlungsunfähigkeit oder Überschuldung. Die Darlegungs- und Beweislast wird dem Neugläubiger dahingehend erleichtert, dass er nicht den genauen Zeitpunkt der Überschuldung der Gesellschaft darlegen muss. Der Neugläubiger muss lediglich darlegen und ggf. beweisen, dass die Gesellschaft bereits überschuldet war, als er die Verträge mit der Gesellschaft abgeschlossen hatte. Hingegen ist der genaue Zeitpunkt der Überschuldung der Gesellschaft für den Altgläubiger sehr wohl von Bedeutung, da aufgrund dieses Zeitpunkts der Quotenschaden berechnet wird. Den Geschäftsführer trifft die Beweislast dafür, dass für die Gesellschaft trotz rechnerischer Überschuldung eine positive Zukunftsprognose bestand und somit das Stellen des Insolvenzantrags überflüssig war[373].

Die Verjährung beträgt auf Grund der deliktischen Natur des Gläubigeranspruchs nach §§ 195 ff. BGB drei Jahre ab Kenntnis oder grob fahrlässiger Unkenntnis.

VIII. Sittenwidrige Schädigung

Der Geschäftsführer einer GmbH kann sich auch wegen sittenwidriger Schädigung haftbar machen. Nach der allgemeinen Norm des § 826 BGB macht sich derjenige schadenersatzpflichtig, der einem anderen in einer gegen die guten Sitten verstoßenden Weise vorsätzlich Schaden zufügt.

1. Vorsätzliche Insolvenzverschleppung

Ein Beispiel für eine sittenwidrige Schädigung stellt die Haftung aufgrund vorsätzlicher Insolvenzverschleppung dar. Die Haftung nach § 826 BGB ist insoweit eine

---

[371] BGHZ 126, 181, 192 ff.; *Thümmel* Persönliche Haftung von Managern und Aufsichtsräten Rn 384; *Plück/Lattwein* Haftungsrisiken für Manager S. 138 f.
[372] *Drescher* GmbH-Geschäftsführer Rn 695.
[373] BGH NZG 2009, 750.

eigene Fallgruppe und kann auch neben der Haftung nach § 823 Abs. 2 BGB i.V.m. § 15a Abs. 1 InsO eingreifen[374].

Eine sittenwidrige Schädigung gemäß § 826 BGB setzt in dieser Konstellation voraus, dass eine Schädigung der Unternehmensgläubiger bei dem Unterlassen der Stellung des Insolvenzantrags billigend in Kauf genommen wird[375]. Der Schädigungsvorsatz liegt dann vor, wenn der Geschäftsführer von der unmittelbar drohenden Insolvenz wegen Überschuldung der Gesellschaft wusste, dies jedoch seinen Geschäftspartnern bei Abschluss von Verträgen verschweigt[376]. Schätzt der Geschäftsführer hingegen die schlechte Lage des Unternehmens als überwindbar ein und bemüht sich, die drohende Insolvenz der Gesellschaft abzuwenden, fehlt in der Regel der Schädigungsvorsatz, so dass das Unterlassen des Antrags auf Eröffnung des Insolvenzverfahrens keine sittenwidrige Schädigung darstellt[377]. Jedoch liegt die Beweislast für die Einschätzung der Sanierfähigkeit der Gesellschaft und der Überwindbarkeit der Krise beim Geschäftsführer[378].

2. Spekulation zu Lasten der Gläubiger

Spekulative Geschäfte des Geschäftsführers auf Kosten der Gesellschaftsgläubiger können ebenfalls eine sittenwidrige Schädigung gemäß § 826 BGB darstellen. Der Geschäftsführer haftet für Verträge, die das Risiko allein oder überwiegend auf den Gläubiger abwälzen[379]. Der Bundesgerichtshof bejahte die Haftung eines Geschäftsführers, der in großem Umfang Bauvorhaben abgeschlossen hatte, die ohne sachgerechte Kalkulation aufgestellt wurden und nicht kostendeckend waren. Neben seinem Festgehalt erhielt der Geschäftsführer eine Provision von 4,5% pro abgeschlossenem Bauvorhaben. Die Insolvenz der Gesellschaft fügte zwar nicht dem Geschäftsführer, sondern den betroffenen Handwerken erhebliche Schäden zu[380]. Neben der Schädigung von Gläubigern kann auch eine Schädigung der Arbeitnehmer eine sittenwidrige Handlung darstellen[381].

---

[374] *Haas/Hossfeld* in Gottwald InsolvenzR § 92 Rn 132.

[375] BGH NZI 2008, 242, 243; *Haas/Hossfeld* in Gottwald InsolvenzR § 92 Rn 132; *Drescher* GmbH-Geschäftsführer Rn 764.

[376] BGH NZI 2008, 242; *Kleindiek* in Lutter/Hommelhoff GmbHG § 43 Rn 72; *Haas/Hossfeld* in Gottwald InsolvenzR § 92 Rn 133.

[377] BGH ZIP 1991, 409; *Haas/Hossfeld* in Gottwald InsolvenzR § 92 Rn 133; *Drescher* GmbH-Geschäftsführer Rn 766.

[378] BGH NZI 2008, 242, 243; *Drescher* GmbH-Geschäftsführer Rn 767.

[379] *Kleindiek* in Lutter/Hommelhoff GmbHG § 43 Rn 72; *Drescher* GmbH-Geschäftsführer Rn 768.

[380] BGH NJW 1992, 2146, 2147.

[381] BGH NZG 2008, 547.

IX. Wettbewerbs- und Kartellverstöße der GmbH

Eine unmittelbare Haftung des Geschäftsführers kann bei Verstößen gegen wettbewerbs- und kartellrechtliche Bestimmungen eintreten. Als Anspruchsgrundlagen kommen hierbei insbesondere § 9 UWG, § 33 Abs. 3 GWB sowie für das Immaterialgüterrecht die §§ 97 Abs. 1 UrhG, 14 Abs. 6, 15 Abs. 5 MarkenG und § 139 Abs. 2 PatG in Betracht. Grundsätzlich ist Adressat dieser Vorschriften allein das Unternehmen, von dem der Verstoß ausgeht. Daneben können die Geschäftsführer gesamtschuldnerisch nach § 840 BGB für Wettbewerbs- und Kartellverstöße der Gesellschaft haften. Eine Haftung des Geschäftsführers ist dabei gegeben, wenn er an der Rechtsverletzung beteiligt gewesen ist oder er die Verletzung trotz Kenntnis nicht verhindert hat, obwohl er die Möglichkeit hierzu hatte. Das Gleiche gilt, wenn ein Geschäftsführer nachträglich von einer aus dem Betrieb heraus begangenen und noch anhaltenden Wettbewerbsverletzung Kenntnis erhält, diese jedoch nicht sofort unterbindet, obwohl er die rechtliche Verfügungsmacht zur Beseitigung der Störung hat[382].

Der Geschäftsführer kann zudem ggf. bei Wiederholungsgefahr auf Unterlassung nach § 8 Abs. 1 UWG in Anspruch genommen werden[383]. Dabei setzt der Unterlassungsanspruch keine schuldhafte Handlung, sondern lediglich eine frühere oder drohende Zuwiderhandlung voraus, wobei eine Zuwiderhandlung bereits die Vermutung der Wiederholungsgefahr begründet[384].

X. Steuerschulden

Erfüllt die Gesellschaft als Folge einer vorsätzlichen oder grob fahrlässigen Pflichtverletzung des Geschäftsführers nicht oder nicht rechtzeitig ihre Steuerschulden, haftet der Geschäftsführer als gesetzlicher Vertreter der Gesellschaft für deren Steuerschulden (§§ 34, 69 AO). Die Prüfung der Inanspruchnahme des Geschäftsführers nach § 69 AO ist eine gängige Vorgehensweise des Finanzamts in der Insolvenz einer Gesellschaft[385]. Weiterhin kommt eine Haftung des Geschäftsführers für Beihilfe zur Steuerhinterziehung nach § 71 AO in Betracht.

Der Geschäftsführer hat nach § 34 AO als gesetzlicher Vertreter der Gesellschaft deren steuerliche Pflichten zu erfüllen. Diese Pflichten umfassen unter anderem:

---

[382] *Thümmel* Persönliche Haftung von Managern und Aufsichtsräten Rn 448; *Wellhöfer* in Wellhöfer/Peltzer/Müller Haftung AktG § 5 Rn 89; *Hopt* in Großkomm AktG § 93 Rn 507; *Plück/Lattwein* Haftungsrisiken für Manager S. 142.

[383] *Drescher* GmbH-Geschäftsführer Rn 791.

[384] *Drescher* GmbH-Geschäftsführer Rn 790.

[385] *Peetz* GmbHR 2009, 186; *Drescher* GmbH-Geschäftsführer Rn 798.

- die Führung der Bücher;
- die Abgabe der Steuererklärung;
- die Auskunftserteilung;
- die Entrichtung der Steuern;
- der Einbehalt der Steuern für Rechnung eines Dritten;
- und die Verpflichtung, die Steuern an das Finanzamt abzuführen[386].

Haftungsvoraussetzung ist, dass die Pflichtverletzung für die Nichterfüllung der Steuerschuld kausal war. Ist zum Zeitpunkt der Fälligkeit der Steuerschuld eine Zahlung der GmbH unmöglich, so entfällt eine Haftung[387]. Eine Haftung des Geschäftsführers ist auch dann möglich, wenn die verspätete Einreichung einer Steuererklärung eine aussichtsreiche Vollstreckungsmöglichkeit des Finanzamts vereitelt hat[388].

Die Pflichtverletzung entfällt auch bei einer späteren Anfechtung der Zahlung im Falle der Eröffnung des Insolvenzverfahrens gemäß § 129 InsO nicht[389]. Vorsatz des Geschäftsführers ist für die Haftung aus § 69 AO nicht erforderlich, grobe Fahrlässigkeit ist ausreichend. Der Geschäftsführer handelt dann grob fahrlässig, wenn er die Sorgfalt eines ordentlichen Geschäftsmanns in ungewöhnlich hohem Maße außer Acht lässt[390]. Sind mehrere Geschäftsführer bestellt, so sind im Interesse der Sicherstellung der steuerlichen Pflichten der selbst nicht handlungsfähigen juristischen Personen alle Geschäftsführer gleichermaßen verpflichtet, die steuerlichen Pflichten der Gesellschaft zu erfüllen[391]. Etwas anderes gilt jedoch dann, wenn für die Aufgaben- und Ressortverteilung klare schriftliche Regelungen bestehen[392]. In diesem Fall ist vornehmlich der Geschäftsführer, der hierfür nach dem Ressortplan zuständig ist, für die Erfüllung der steuerlichen Pflichten verantwortlich. Die übrigen Geschäftsführer müssen das Handeln des verantwortlichen Geschäftsführers jedoch ausreichend kontrollieren und bei Verdachtsmomenten unverzüglich einschreiten, um ein „Wiederaufleben" ihrer eigenen persönlichen Haftung zu vermeiden[393].

Eine Haftung des Geschäftsführers entfällt, wenn er einen zuverlässigen Steuerberater mit der Abgabe der Steuererklärung beauftragt hat. Jedoch obliegt ihm die Pflicht, sich fortlaufend über den Geschäftsgang zu unterrichten, so dass ihm Unregelmäßigkeiten nicht über einen längeren Zeitraum verborgen bleiben können[394].

---

[386] *Gersch* in Klein AO § 34 Rn 35; *Drescher* GmbH-Geschäftsführer Rn 801.
[387] BFH DStR 2009, 310, 311.
[388] *Altmeppen* in Roth/Altmeppen GmbHG § 43 Rn 40; *Drescher* GmbH-Geschäftsführer Rn 805.
[389] BFH GmbHR 2007, 1114.
[390] *Drescher* GmbH-Geschäftsführer Rn 807 f.
[391] BFH NZG 2003, 734, 736.
[392] BFH NZG 2003, 734, 736.
[393] *Altmeppen* in Roth/Altmeppen GmbHG § 43 Rn 39; *Drescher* GmbH-Geschäftsführer Rn 811.
[394] BFH/NV 2006, 480.

Im Gegensatz zu der Abgabe von Sozialversicherungsbeiträgen der Arbeitnehmern, die vollständig zu zahlen sind, auch wenn dies bedeutet, dass andere Zahlungen hinten angestellt werden müssen, sind Steuerabgaben anteilig zu tilgen. Der Geschäftsführer macht sich dann nicht haftbar, wenn er die Steuerschuld in gleicher Weise tilgt wie die Forderungen anderer Gläubiger (Grundsatz der anteiligen Tilgung)[395].

Die Beweislast obliegt dem Finanzamt. Es hat darzulegen, dass der Gesellschaft hinreichend finanzielle Mittel zur Verfügung standen, um ihre Steuerpflicht zu begleichen und das und in welchem Umfang eine Benachteiligung gegenüber anderen Gläubigern vorlag. Dem Geschäftsführer obliegt eine Mitwirkungspflicht; er muss auf Nachfrage des Finanzamts die zur Feststellung des Haftungsumfangs notwendigen Auskünfte über die Gesamtverbindlichkeiten der Gesellschaft und die Zahlung an andere Gläubiger erteilen[396].

Für die Abführung der Lohnsteuer bestehen besondere Regelungen. So hat der Geschäftsführer nach § 41a Abs. 1 EStG spätestens am zehnten Tag nach Ablauf eines jeden Lohnsteuer-Anmeldungszeitraums dem Finanzamt eine Steuererklärung einzureichen, in der er die Summen der im Lohnsteuer-Anmeldungszeitraum einzubehaltenden und zu übernehmenden Lohnsteuer angibt und die insgesamt einbehaltene und an das Finanzamt abzuführende Lohnsteuer aufführt. Wird die Lohnsteuer nicht rechtzeitig abgeführt, haftet der Geschäftsführer persönlich für den Teil, der nicht abgeführt wurde. Der Grundsatz der anteiligen Tilgung findet auf die Tilgung der Lohnsteuer nur teilweise Anwendung. Werden keine Löhne gezahlt, ist auch keine Lohnsteuer fällig. Reichen die finanziellen Mittel der Gesellschaft nicht aus, die geschuldeten Löhne und die anfallende Lohnsteuer zu begleichen, müssen die Löhne dementsprechend gekürzt werden, damit die Lohnsteuer abgeführt werden kann[397].

Bei Zahlungsunfähigkeit oder Überschuldung der Gesellschaft und dem damit einhergehenden Zahlungsverbot (§ 64 S. 1 GmbHG) ist der Geschäftsführer trotzdem zur Begleichung der Steuerschuld verpflichtet. Erst ein Verfügungsverbot, die Bestellung eines Insolvenzverwalters oder die Eröffnung des Insolvenzverfahrens befreit den Geschäftsführer von dieser Pflicht[398].

---

[395] *Wicke* GmbH § 43 Rn 28; *Ziemons* in Oppenländer/Trölitzsch GmbH-Geschäftsführung § 27 Rn 20f.; *Drescher* GmbH-Geschäftsführer Rn 818.

[396] *Altmeppen* in Roth/Altmeppen GmbHG § 43 Rn 42; *Drescher* GmbH-Geschäftsführer Rn 826 f.

[397] *Wicke* GmbH § 43 Rn 29; *Drescher* GmbH-Geschäftsführer Rn 836.

[398] BFH GmbHR 2009, 222; *Altmeppen* in Roth/Altmeppen GmbHG § 43 Rn 44; *Drescher* GmbH-Geschäftsführer Rn 842.

XI. Geltendmachung von Außenhaftungsansprüchen

Die Geltendmachung von Ersatzansprüchen gegen Geschäftsführer durch Dritte, insbesondere Gesellschafter und Gläubiger der Gesellschaft, richtet sich nach den allgemeinen Vorschriften, insbesondere der Zivilprozessordnung (ZPO), zur Geltendmachung von Schadenersatzansprüchen. Von den Anspruchstellern ist daher in der Regel Klage zu erheben oder, sofern sinnvoll, ein Mahnverfahren einzuleiten.

D. Strafrechtliche Verantwortlichkeit

I. Einleitung

Der Geschäftsführer hat im Rahmen der ihm obliegenden Leitung der Gesellschaft Zugriff auf eine Reihe von Rechtspositionen Dritter, die auch strafrechtlichem Schutz unterliegen. Aufgrund seiner Stellung als Geschäftsführer kommt eine Strafbarkeit insbesondere bei Verstoß gegen solche Strafgesetze in Betracht, die den Schutz des Rechtsverkehrs oder der Allgemeinheit bezwecken. Im Folgenden werden die besonders praxisrelevanten Straftatbestände dargestellt.

II. Gesellschaftsrechtliche Straftatbestände

1. Falsche Angaben bei Gründung, Kapitalmaßnahmen und Abwicklung

Gemäß § 82 GmbHG macht sich der Geschäftsführer strafbar, wenn er zum Zweck der Eintragung einer Erhöhung des Stammkapitals über die Zeichnung oder Einbringung des neuen Kapitals oder über Sacheinlagen (§ 82 Abs. 1 Nr. 3 GmbHG), in der Erklärung bezüglich der Anmeldung und Eintragung des Erhöhungsbeschlusses (§ 82 Abs. 1 Nr. 4 GmbHG) oder in der nach § 8 Abs. 3 S. 1 GmbHG oder § 39 Abs. 3 S. 1 GmbHG abzugebenden Versicherung falsche Angaben macht. Ebenso wird bestraft, wer als Geschäftsführer zum Zweck der Herabsetzung des Stammkapitals über die Befriedigung oder Sicherstellung der Gläubiger eine unwahre Versicherung abgibt (§ 82 Abs. 2 Nr. 1 GmbHG).

2. Fehlende Unterrichtung nach § 84 Abs. 1 GmbHG

Ein Geschäftsführer macht sich strafbar, wenn er es unterlässt, den Gesellschaftern einen Verlust in Höhe der Hälfte des Stammkapitals anzuzeigen (§ 84 Abs. 1 GmbHG). Der Strafrahmen beläuft sich auf Freiheitsstrafe bis zu drei Jahren oder Geldstrafe. Die Handlungspflicht, den Gesellschaftern einen Verlust in Höhe der Hälfte des Stammkapitals anzuzeigen, besteht für jeden einzelnen Geschäftsführer, unabhängig von der jeweiligen Geschäftsführungs- und Vertretungsmacht[399].

---

[399] *Kleindiek* in Lutter/Hommelhoff GmbHG § 84 Rn 5; *Haas* in Baumbach/Hueck GmbHG § 84 Rn 16.

3. Geschäftslagetäuschung

Nach § 82 Abs. 2 Nr. 2 GmbHG macht sich der Geschäftsführer strafbar, wenn er in einer öffentlichen Mitteilung die Vermögenslage der Gesellschaft unwahr darstellt oder verschleiert, und die Tat nicht schon in § 331 Nr. 1 oder Nr. 1a HGB mit Strafe bedroht ist. Der Strafrahmen beläuft sich auf Freiheitsstrafe bis zu drei Jahren oder Geldstrafe. Die Vorschrift wird ergänzt durch die in § 331 HGB speziell geregelte Strafbarkeit des Geschäftsführers bei unrichtigen Darstellungen gegenüber dem Abschlussprüfer. § 331 HGB sieht ebenfalls einen Strafrahmen von Freiheitsstrafe bis zu drei Jahren oder Geldstrafe vor.

4. Verletzung der Geheimhaltungspflicht

Gemäß § 85 Abs. 1 GmbHG macht sich der Geschäftsführer strafbar, wenn er ein Geheimnis der Gesellschaft, namentlich ein Betriebs- oder Geschäftsgeheimnis, das ihm in seiner Eigenschaft als Geschäftsführer bekannt geworden ist, unbefugt offenbart. Hierdurch sollen die Interessen der Gesellschaft und der Gesellschafter an der Bewahrung ihrer Geheimnisse geschützt werden. Dass die Gesellschaft durch die Verletzung der Geheimhaltungspflicht einen Schaden erleidet, ist nicht erforderlich. Es handelt sich bei § 85 GmbHG vielmehr um ein abstraktes Gefährdungsdelikt[400]. Der Strafrahmen beläuft sich auf Geldstrafe oder Freiheitsstrafe bis zu einem Jahr. Die besonders schweren Fälle des § 85 Abs. 2 S. 1 GmbHG sowie das unbefugte Verwerten eines Geheimnisses gemäß § 85 Abs. 2 S. 2 GmbHG werden mit Geldstrafe oder Freiheitsstrafe bis zu zwei Jahren geahndet.

III. Ordnungswidrigkeiten

Handlungen des Geschäftsführers können auch eine Ordnungswidrigkeit darstellen. Ein praxisrelevantes Beispiel für Ordnungswidrigkeiten, die ein Geschäftsführer vermeiden sollte, sind Verstöße gegen die in § 334 HGB genannten Vorschriften im Zusammenhang mit der Aufstellung und Feststellung von Jahresabschluss und Lagebericht. Auch aus Verstößen gegen Umweltschutzbestimmungen, die gemäß den §§ 324 ff. StGB auch strafrechtlich relevant sein können, können Ordnungswidrigkeiten resultieren.

Bei Organisationsverschulden droht zudem eine Ordnungswidrigkeit gemäß den §§ 130, 30 OWiG. Der Geschäftsführer hat demnach Aufsichtsmaßnahmen zu ergreifen, die erforderlich sind, um im Unternehmen Zuwiderhandlungen gegen ge-

---

[400] *Kleindiek* in Lutter/Hommelhoff GmbHG § 85 Rn 1; *Haas* in Baumbach/Hueck GmbHG § 85 Rn 1; *Schaal* in Erbs/Kohlhaas § 85 Rn 3;.

setzliche Pflichten zu verhindern. Der Geschäftsführer kann demnach für begangene Handlungen anderer verantwortlich sein und aufgrund unterlassener Aufsichtsmaßnahmen ordnungswidrig handeln[401]. Voraussetzungen hierfür sind, dass der Geschäftsführer vorsätzlich oder fahrlässig unterlassen hat, die ihm zumutbaren Aufsichtsmaßnahmen zu ergreifen und ein Mitarbeiter eine betriebs- bzw. unternehmensbezogene Pflicht, deren Verletzung als Ordnungswidrigkeit verfolgt werden kann, verletzt hat. Auf diesem Hintergrund empfiehlt sich die Schaffung effizienter Überwachungssysteme, die zudem regelmäßig auf ihre Effizienz hin zu überprüfen sind.

---

[401] Vgl. im Einzelnen Rettenmaier/Palm NJOZ 2010, 1414 ff.

E. Haftungsvermeidungsstrategien

Angesichts der sehr weitgehenden Pflichten des Geschäftsführers und der aus den Pflichtverletzungen resultierenden Haftungsfolgen stellt sich die Frage, wie das Haftungsrisiko vermieden oder zumindest abgemildert werden kann.

I. Beschränkung der Innenhaftung

1. Vertragliche Regelungen

Eine privatautonome Beschränkung der gesetzlich ausgeformten Geschäftsführerhaftung gegenüber der Gesellschaft ist bei der GmbH grundsätzlich möglich[402]. Die Beschränkung kann beispielsweise bereits durch die Herabsetzung des Pflichten- und Sorgfaltsmaßstabs und der damit einhergehenden erschwerten Voraussetzung für die Entstehung eines Haftungsanspruchs erreicht werden. Eine weitere Möglichkeit ist eine summenmäßige Haftungsbeschränkung. Weiterhin kann die Durchsetzbarkeit eines entstandenen Anspruchs gegen den Geschäftsführer durch Verzicht, Vergleich oder Verjährungsfristverkürzung eingeschränkt werden.

Eine Beschränkung der Haftung des Geschäftsführers ist für besondere Haftungstatbestände jedoch ausgeschlossen. Dies gilt insbesondere für die Tatbestände, die primär dem Gläubigerschutz dienen, insbesondere die Regelungen des § 43 Abs. 3 GmbHG, der §§ 9a, 9b, 57 Abs. 4, 64 S. 3 GmbHG und der Existenzvernichtungshaftung[403] und umfasst auch die Insolvenzantragspflicht (§ 15a Abs. 1 InsO), die Buchführungspflicht (§ 41 GmbHG), sowie die Pflicht zur Einberufung der Gesellschafterversammlung, wenn sich aus der Jahresbilanz oder aus einer im Laufe des Geschäftsjahres aufgestellten Bilanz ergibt, dass die Hälfte des Stammkapitals verloren ist (§ 49 Abs. 3 GmbHG), da diese Pflichten den Interessen der Allgemeinheit dienen[404]. Eine damit unvereinbare Weisung der Gesellschafterversammlung darf der

---

[402] *Kleindiek* in Lutter/Hommelhoff GmbHG § 43 Rn 51; *Drescher* GmbH-Geschäftsführer Rn 238.

[403] *Altmeppen* in Roth/Altmeppen GmbHG § 43 Rn 125; *Kleindiek* in Lutter/Hommelhoff GmbHG § 43 Rn 55; *Zöllner/Noack* in Baumbach/Hueck GmbHG § 43 Rn 5; *Drescher* GmbH-Geschäftsführer Rn 240.

[404] *Kleindiek* in Lutter/Hommelhoff GmbHG § 43 Rn 55; *Zöllner/Noack* in Baumbach/Hueck GmbHG § 43 Rn 5.

Geschäftsführer nicht befolgen. Demnach stehen die gläubigerschützenden Geschäftsführerpflichten nicht zur Disposition der Gesellschafter und ein Haftungsausschluss oder eine Herabsetzung des Pflichten- und Sorgfaltsmaßstabs im Voraus ist ausgeschlossen. Eine nachträgliche Haftungsbeschränkung durch Verzicht oder Vergleich ist nur dann zulässig, wenn die volle Begleichung des Ersatzanspruchs zur Befriedigung der Gesellschaftsgläubiger nicht erforderlich ist[405].

Beschränkungen der Geschäftsführerhaftung können entweder mit in die Satzung oder (praxisrelevanter) im Anstellungsvertrag des Geschäftsführers aufgenommen werden. Grundvoraussetzung ist ein Gesellschafterbeschluss, sofern dies in der Satzung nicht anders geregelt ist. Ein Gesellschafterbeschluss ist ebenso für einen nachträglichen Verzicht oder Vergleich erforderlich[406]. Im Gegensatz zum Aktienrecht, in dem gemäß § 93 Abs. 4 S. 3 AktG ein Verzicht oder ein Vergleich erst drei Jahre nach Entstehen des Anspruchs und unter weiteren erschwerenden Voraussetzungen zulässig ist[407], gelten im GmbH-Recht nur die genannten Einschränkungen aus Gründen des Schutzes anderer Gläubiger bzw. der Allgemeinheit[408].

In der Praxis häufig anzutreffen ist die Generalbereinigung. Diese stellt einen Vertrag zwischen der Gesellschaft und dem Geschäftsführer auf der Grundlage eines Gesellschafterbeschlusses dar und beinhaltet einen weitgehenden Verzicht auf alle denkbaren Ersatzansprüche der GmbH, soweit dem Verzicht nicht das Gesetz oder der Gesellschaftsvertrag entgegenstehen[409]. Bei Ausscheidungsverhandlungen sollte der Geschäftsführer versuchen, mit der Gesellschaft eine Generalbereinigung zu erreichen, um seine Haftungsrisiken weitestgehend zu minimieren.

2. Entlastung

Eine weitgehende Haftungserleichterung zu Gunsten des Geschäftsführers kann auch durch seine Entlastung erreicht werden. Die Gesellschafterversammlung entscheidet gemäß § 46 Nr. 5 GmbHG über die Entlastung des Geschäftsführers durch Gesellschafterbeschluss. Die Gesellschafter billigen mit der Entlastung die Amtsführung des Geschäftsführers für die Dauer der zurückliegenden Entlastungsperiode und sprechen ihm gleichzeitig für die künftige Geschäftsführung ihr Vertrauen

---

[405] *Kleindiek* in Lutter/Hommelhoff GmbHG § 43 Rn 56; *Fuhrmann* in GmbH-Handbuch Rz. I 2417.

[406] *Kleindiek* in Lutter/Hommelhoff GmbHG § 43 Rn 57; *Hasselbach* DB 2010, 2037, 2038.

[407] Vgl. hierzu *Ek* Haftungsrisiken für Vorstand und Aufsichtsrat S. 132 ff.

[408] *Freund* GmbHR 2009, 1185, 1187.

[409] BGH GmbHR 2003, 712; *Wicke* GmbHG § 46 Rn 16; *Altmeppen* in Roth/Altmeppen GmbHG § 43 Rn 115; *Zöllner* in Baumbach/Hueck GmbHG § 46 Rn 49; *Drescher* GmbH-Geschäftsführer Rn 249.

aus[410]. Bei schweren Pflichtverletzungen des Geschäftsführers kann die Entlastung treuwidrig und der dennoch gefasste Entlastungsbeschluss anfechtbar sein[411]. Ansonsten besteht ein weites Ermessen der Gesellschafterversammlung, ob dem Geschäftsführer Entlastung erteilt wird oder nicht.

Die Entlastung hat zur Folge, dass Ersatzansprüche der GmbH ausgeschlossen sind, die bei sorgfältiger Prüfung aller Vorlagen und Berichte der Gesellschafterversammlung erkennbar sind oder von denen alle Gesellschafter privat Kenntnis haben[412]. Die Entlastungswirkung reicht jedoch nur soweit, als nicht Ansprüche im Interesse der Gesellschaftsgläubiger, insbesondere gemäß den §§ 43 Abs. 3, 9b Abs. 1, 30, 31 GmbHG unverzichtbar sind[413].

Die Entlastung erfolgt in der Praxis zumeist im Zusammenhang mit der Feststellung des Jahresabschlusses und der Vorlage umfassender Dokumente durch den Geschäftsführer. Im eigenen Interesse sollte der Geschäftsführer hierbei die Gesellschafterversammlung möglichst detailliert informieren, damit spiegelbildlich die Entlastungswirkung möglichst weit reicht.

Der Geschäftsführer sollte im Eigeninteresse darauf dringen, dass ihm zumindest jährlich Entlastung erteilt wird. Besonders vorteilhaft ist ein Entlastungsbeschluss im Falle des Ausscheidens des Geschäftsführers, so dass bei der Verhandlung einer Ausscheidungsvereinbarung auf einen solchen Beschluss hingewirkt werden sollte. Strittig ist es jedoch, ob der Geschäftsführer ein Rechtsanspruch auf Erteilung der Entlastung hat. Dies wird von der herrschenden Auffassung verneint[414].

II. Freistellung von der Außenhaftung

Bei der Frage, ob die Gesellschaft ihren Geschäftsführer von der Haftung im Außenverhältnis freistellen bzw. bereits vorgenommene Schadenersatzleistungen an Dritte ausgleichen kann, ist zu unterscheiden: Stellt die dem Außenhaftungsanspruch zugrunde liegende Handlung zugleich eine Pflichtverletzung gegenüber der Gesell-

---

[410] *Wicke* GmbHG § 46 Rn 16; *Zöllner* in Baumbach/Hueck GmbHG § 46 Rn 41; *Kühn* GmbH-Geschäftsführer S. 156.

[411] BGH ZIP 2003, 388; OLG Düsseldorf GmbHR 2001, 1049; *Wicke* GmbHG § 46 Rn 16; *Zöllner* in Baumbach/Hueck GmbHG § 46 Rn 44.

[412] BGH NZG 2003, 528; *Wicke* GmbHG § 46 Rn 15; *Wellhöfer* in Wellhöfer/Peltzer/Müller Haftung § 6 Rn 69.

[413] *Wicke* GmbHG § 46 Rn 16; *Zöllner* in Baumbach/Hueck GmbHG § 46 Rn 41; *Kühn* GmbH-Geschäftsführer S. 157; *Wellhöfer* in Wellhöfer/Peltzer/Müller Haftung § 6 Rn 70.

[414] BHGZ 94, 324; *Wicke* GmbHG § 46 Rn 16; *Bayer* in Lutter/Hommelhoff GmbHG § 46 Rn 28; *Kühn* GmbH-Geschäftsführer S. 157; a.A. *Zöllner* in Baumbach/Hueck GmbHG § 46 Rn 46.

schaft dar, so ist eine Freistellung von der Außenhaftung bzw. der Ersatz bereits geleisteter Schadenersatzzahlungen nur in dem im Innenverhältnis zulässigen Rahmen möglich[415]. An einer Pflichtverletzung im Innenverhältnis kann es ausnahmsweise jedoch dann fehlen, wenn der Geschäftsführer im Interesse der Gesellschaft den für sie günstigeren Rechtsstandpunkt vertreten hat, dieser sich aber später als unzutreffend herausstellt und daher zu einer Haftung gegenüber dem Dritten geführt hat[416]. In diesen Fällen ist eine Freistellung von der Außenhaftung zwar zulässig, aus rechtlicher Sicht aber überflüssig, da sich ein Freistellungsanspruch der Organmitglieder bereits aus dem allgemeinen Auftragsrecht, insbesondere den §§ 670, 257 S. 1 BGB ergibt[417].

Ein Anspruch auf Übernahme von Geldstrafen und Geldbußen gegen die Gesellschaft besteht nicht. Sie sind von dem Geschäftsführer selbst zu tragen[418]; vorherige Erstattungszusagen sind grundsätzlich unzulässig. Die Zulässigkeit nachträglicher Erstattungszusagen ist Frage des Einzelfalls[419].

III. Corporate Compliance und Kontrolle der Haftungsrisiken

Von entscheidender Bedeutung bei der Minimierung von Haftungsrisiken ist es, dass der Geschäftsführer bei seiner Tätigkeit jederzeit darauf achtet, dass Risiken frühzeitig erkannt und Pflichtverletzungen vermieden werden. Die Sicherstellung des rechtskonformen Verhaltens des Unternehmens (Compliance) und seiner Mitarbeiter stellt hierbei einen besonders bedeutenden Gesichtspunkt bei der Absicherung des Geschäftsführers gegenüber der Gesellschaft und Dritten dar[420].

1. Maßnahmen zur Kontrolle der Haftungsrisiken

Die an den Geschäftsführer gestellten Anforderungen sind mannigfaltig. Zur Vermeidung von Pflichtverletzungen steht daher die Verschaffung einer umfassenden Kenntnis über alle Aufgaben und Pflichten, die die Geschäftsführerstellung mit sich bringt, im Vordergrund. Zudem hat der Geschäftsführer stets dafür zu sorgen, dass

---

[415] *Ziemons* in Oppenländer/Trölitzsch GmbH-Geschäftsführung § 29 Rn 27; *Drescher* GmbH-Geschäftsführer Rn 233.

[416] *Ziemons* in Oppenländer/Trölitzsch GmbH-Geschäftsführung § 29 Rn 28.

[417] *Ziemons* in Oppenländer/Trölitzsch GmbH-Geschäftsführung § 29 Rn 28; *Zöllner/Noack* in Baumbach/Hueck GmbHG § 43 Rn 108f.

[418] *Ziemons* in Oppenländer/Trölitzsch GmbH-Geschäftsführung § 29 Rn 29.

[419] *Zöllner/Noack* in Baumbach/Hueck GmbHG § 35 Rn 66; *Hasselbach/Seibel* GmbHR 2009, 354.

[420] *Wecker/van Laak* Compliance S. 52; *Schmidt* BB 2009, 1295; *Wolf* DStR 2006, 1995, 1996.

ihm die zur täglichen Wahrnehmung seiner Funktionen notwendigen Informationen aktuell vorliegen.

Das GmbHG enthält anders als das Aktiengesetz in § 91 Abs. 2 AktG keine ausdrückliche Pflicht, geeignete Maßnahmen zu treffen, damit den Fortbestand der Gesellschaft gefährdende Entwicklungen frühzeitig erkannt werden, was in dem Fall eines entsprechenden Gefahrenpotentials zur Einrichtung eines Überwachungssystems verpflichtet. Der Geschäftsführer ist jedoch verpflichtet, für eine Organisation innerhalb der Gesellschaft zu sorgen, die ihm zu jedem Zeitpunkt über die wirtschaftliche und finanzielle Lage der Gesellschaft ausreichend informiert. Dies setzt die Einführung eines Berichtssystems über alle Ebenen und Bereiche des Unternehmens voraus. Je früher Risiken erkannt und je besser sie eingeschätzt werden können, desto eher kann der Eintritt eines Schadens verhindert werden. Der Geschäftsführer kann nur so die notwendigen unternehmerischen Entscheidungen treffen, ohne Gefahr zu laufen, persönlich in die Haftung genommen zu werden.

Dem Geschäftsführer obliegt die Leitungsfunktion in der Gesellschaft. Die einzelnen Geschäftsführungsmaßnahmen können jedoch an nachgeordnete Ebenen delegiert werden[421]. Der Geschäftsführer muss stets sicherstellen, dass er über alle wesentlichen Angelegenheiten im Unternehmen informiert ist, um im besten Unternehmensinteresse handeln und entscheiden zu können. Von herausragender Bedeutung für alle Entscheidungen des Geschäftsführers ist die Beschaffung einer angemessenen Informationsgrundlage[422]. Nur so können fundierte, nicht nur „aus dem Bauch" heraus getroffene Entscheidungen gefällt werden. Die Art und der Umfang der erforderlichen Informationen hängen jeweils vom Einzelfall ab.

Der Geschäftsführer sollte alle wesentlichen Entscheidungen ausführlich dokumentieren, um insbesondere bei einer Inanspruchnahme wegen etwaiger Pflichtverletzungen die Ordnungsmäßigkeit seines Handelns nachweisen zu können[423]. Gemäß § 43 Abs. 1 GmbHG obliegt dem Geschäftsführer die Beweislast dafür, dass er mit der Sorgfalt eines ordentlichen Geschäftsmanns gehandelt hat[424].

Besondere Bedeutung kommt einer sorgfältigen Dokumentation bei unternehmerischen Ermessensentscheidungen im Hinblick auf die pflichtgemäße Ausübung des dem Geschäftsführer eingeräumten Ermessensspielraums zu. Auch ist die Verfolgung der relevanten Rechtsänderungen durch Inanspruchnahme rechtlicher Beratung von Nöten. Auf allen Rechtsgebieten können sich für das Unternehmen relevante Gesetzesänderungen oder neue Rechtsprechung ergeben, die eine Anpassung der bisherigen Entscheidungsabläufe und der Unternehmensorganisation erforder-

---

421 *Rodewald/Unger* BB 2006, 113, 114; *Bürkle* BB 2005, 565.

422 *Kleindiek* in Lutter/Hommelhoff GmbHG § 43 Rn 18; *Tillmann/Mohr* GmbH-Geschäftsführer Rn 480.

423 *Ziemons* in Oppenländer/Trölitzsch GmbH-Geschäftsführung § 21 Rn 14.

424 *Kleindiek* in Lutter/Hommelhoff GmbHG § 43 Rn 18; *Zöllner/Noack* in Baumbach/Hueck GmbHG § 43 Rn 36; *Altmeppen* in Roth/Altmeppen GmbHG § 43 Rn 104.

lich machen. Nur durch eine stetige, umfassende rechtliche Beratung lassen sich alle Veränderungen erfassen und richtig bewerten. Um festzustellen, ob die Abläufe im Unternehmen so organisiert sind, dass die für das Unternehmen relevanten rechtlichen Rahmenbedingungen eingehalten werden und seine Strukturen gewährleisten, dass Fehlentscheidungen und Gesetzesverstöße verhindert werden, sollte regelmäßig ein so genannter Compliance Check durchgeführt werden[425]. Dabei ist anhand eines Anforderungskatalogs der Ist-Zustand des Unternehmens mit dem Soll-Zustand zu vergleichen. Nur so können Lücken in der Unternehmensorganisation und -struktur erkannt und beseitigt werden.

2. Corporate Compliance

Corporate Compliance umschreibt die Gesamtheit der Maßnahmen, die das rechtmäßige Verhalten eines Unternehmens, der Leitungs- und Aufsichtsorgane und seiner Mitarbeiter sicherstellen soll[426]. Dies beinhaltet neben der Einhaltung sämtlicher für das Unternehmen relevanten gesetzlichen Pflichten, Vorschriften und Regeln auch die fachliche Kompetenz und persönliche Verantwortung in Verbindung mit internen und externen Regeln sowie im Rahmen von freiwilligen Verhaltensrichtlinien des Unternehmens[427]. Eine ausdrückliche Compliance-Pflicht besteht für die GmbH nicht. Vielmehr ist eine Compliance-Organisation nur einzurichten, wenn diese erforderlich und zumutbar ist[428]. Art und Umfang der Compliance-Maßnahmen richten sich nach der Größe, Branche und den Umständen der Gesellschaft. Hierbei sind u.a. die Einrichtung eines Compliance-Ressorts mit ausreichender personeller Ausstattung, die sachgemäße Auswahl, Einweisung und Überwachung der Angestellten, die Schaffung klarer Zuständigkeiten und Verantwortungsbereiche im Unternehmen, die ausreichende Informationsversorgung und die unverzügliche und nachdrückliche Verfolgung von Verdachtsfällen von besonderer praktischer Bedeutung[429].

Der Arbeitskreis Externe und Interne Überwachung der Unternehmung der Schmalenbach-Gesellschaft für Betriebswirtschaft e.V. (AKEIÜ) hat im Jahre 2010 zehn Thesen zu aktuellen Herausforderungen im Compliance-Management veröffentlicht[430], die zur Veranschaulichung der Thematik herangezogen werden können:

---

[425] *Rodewald/Unger* BB 2006, 113, 116.

[426] *Bürkle* BB 2007, 1797, 1798; *Wolf* DStR 2006, 1995; *Rodewald/Unger* BB 2006, 113; *Hauschka* NJW 2004, 257.

[427] *Dahnz/Grimminger* Manager und ihr Berufsrisiko S. 327; *Wecker/van Laak* Compliance S. 54; *Wolf* DStR 2006, 1995, 1996; *Schneider* ZIP 2003, 645, 646.

[428] *Zöllner/Noack* in Baumbach/Hueck GmbHG § 35 Rn 68a.

[429] *Zöllner/Noack* in Baumbach/Hueck GmbHG § 35 Rn 68a; *Hoffmann/Liebs* Der GmbH-Geschäftsführer Rn 7188.

[430] Arbeitskreis Externe und Interne Überwachung der Unternehmung der Schmalenbach-Gesellschaft für Betriebswirtschaft e.V. (AKEIÜ), DB 2010, 1509.

- These 1: Compliance und Compliance-Management sind wesentliche Voraussetzungen für eine erfolgreiche und nachhaltige Geschäftstätigkeit. Gleichwohl gibt es keine Rechtspflicht zur Errichtung einer Compliance-Organisation für alle Unternehmen.
- These 2: Compliance-Management liegt in der Verantwortung der ersten Führungsebene des Unternehmens; die Delegation von Aufgaben des Compliance-Managements auf einen Compliance-Officer bedarf einer konkreten Stellenbeschreibung.
- These 3: Der Aufwand eines Unternehmens zur Bewältigung von Compliance-Risiken und für die zur Abwehr notwendigen Kontrollen hängt von der Größe, dem Geschäftsmodell und der Internationalität eines Unternehmens ab.
- These 4: Compliance-Management ist eine Führungsaufgabe und basiert auf Werten und Prinzipien des Unternehmens und den darauf abgeleiteten Verhaltensgrundsätzen für Mitarbeiter und Geschäftspartner.
- These 5: Compliance-Management ist von dem Personalmanagement nachhaltig zu unterstützen, dabei ist auch an arbeitsvertragliche Gestaltungsmaßnahmen zugunsten des Compliance-Officers zu denken, die zur Sicherstellung der Erfüllung der dem Compliance-Officer übertragenen Aufgaben beitragen.
- These 6: Die Nachhaltigkeit der Compliance wird durch die Effektivität und Effizienz eines ganzheitlich und integrativ konzipierten Compliance-Management-Systems sichergestellt.
- These 7: Bestandteil eines Compliance-Management-Systems ist auch ein Notfallmanagement i.S. der Implementierung strukturierter Abläufe bei der Entdeckung oder der Entstehung des Verdachts doloser Handlungen.
- These 8: Ein erfolgreiches Compliance-Management setzt voraus, dass in der Unternehmensstruktur die Schnittstellen insbesondere zu dem Risikomanagement, der Internen Revision und der Rechtsabteilung definiert werden.
- These 9: Die Aufgabe des Compliance-Officers erfordert juristische und betriebswirtschaftliche Kenntnisse, Verständnis für das Geschäftsmodell des Unternehmens sowie ein hohes Maß an Integrität und kommunikativen Fähigkeiten.
- These 10: Für die Nachhaltigkeit des Compliance-Management-Systems sind im Rahmen eines Regelkreisprozesses die ständige Überwachung und eine in Abständen ganzheitlich durchzuführende Überprüfung mit dem Ziel kontinuierlicher Verbesserungen unerlässlich.

IV. Versicherungsschutz, insb. D&O-Versicherungen

1. Einführung

Um das Risiko einer persönlichen Haftung insbesondere von Geschäftsführern für ihr Handeln als Organe der Gesellschaft abzumildern, werden verschiedene Versicherungsmöglichkeiten angeboten. Neben den D&O-Versicherungen (Directors and Officers) besteht insbesondere die Möglichkeit zum Abschluss einer Straf-Rechtsschutz- oder einer Anstellungsvertrags-Rechtsschutzversicherung. D&O-Versicherungen sollen das persönliche Risiko der Geschäftsführer abdecken, mit ihrem Privatvermögen für Vermögensschäden, die im Rahmen ihrer dienstlichen Tätigkeit entstanden sind, haften zu müssen[431]. Straf-Rechtsschutzversicherungen hingegen decken die Kosten ab, die Geschäftsführern im Zusammenhang mit der Verteidigung gegen Anschuldigungen wegen der Verletzung von Straftatbeständen im Rahmen ihrer Tätigkeit entstanden sind[432]. Die Anstellungsvertrags-Rechtsschutzversicherung dient wiederum der Abdeckung der Kosten, die Geschäftsführern im Zusammenhang mit Streitigkeiten zwischen ihnen und der Gesellschaft wegen der vorzeitigen Beendigung des Anstellungsvertrags entstehen[433].

2. D&O-Versicherungen

a) Historische Entwicklung

Die erste Idee einer Haftpflichtversicherung für juristische Personen entstand zusammen mit der Verabschiedung der Aktien-, Genossenschafts- und GmbH-Gesetze Ende des 19. Jahrhunderts in Deutschland. Die Idee konnte sich jedoch zunächst nicht durchsetzen. Eine Versicherbarkeit wurde insbesondere vom preußische Innenministerium als „moralisch bedenklich" angesehen. In den dreißiger Jahren wurden die ersten D&O-Versicherungen durch Lloyd's in England und schließlich in den USA eingeführt. Als Reaktion auf den großen Börsenkrach („Schwarzen Freitag") an der New Yorker Wall Street am 25. Oktober 1929 und die damit beginnende große Rezession verabschiedete der US-amerikanische Gesetzgeber 1933 und 1934 den „Securities Act of 1933" und den „Securities Exchange Act of 1934", die eine Haftung der Verantwortlichen in Unternehmen für Fehler bei der Börseneinführung von Aktien begründeten. Darüber hinaus konnten die Verantwortlichen mit Bußgeldern belegt werden, wenn sie bei der Ausübung von Wertpapiergeschäften für ihr Unternehmen die elementarsten Sorgfaltspflichten außer Acht gelassen hatten. Mit den erhöhten Haftungsrisiken wurde der Ruf derjenigen, die in den Unternehmen Führungspositionen wahrnahmen, nach einer Absicherung gegen mögliche Schadenersatzansprüche lauter. Lloyd's entwarf daraufhin

[431] *Thümmel* Persönliche Haftung von Managern und Aufsichtsräten Rn 461; *Schilling* Managerhaftung und Versicherungsschutz S. 13; *Freund* GmbHR 2009, 1185, 1190.

[432] *Ries/Peiniger* Haftung und Versicherung von Managern, S. 206 ff.; *Thümmel* Persönliche Haftung von Managern und Aufsichtsräten Rn 101; *Wellhöfer* in Wellhöfer/Peltzer/Müller Haftung § 7 Rn 38; *Schilling* Managerhaftung und Versicherungsschutz S. 32.

[433] *Ries/Peiniger* Haftung und Versicherung von Managern, S. 211 ff.; *Dahnz/Grimminger* Manager und Ihr Berufsrisiko S. 409; *Wellhöfer* in Wellhöfer/Peltzer/Müller Haftung § 7 Rn 39; *Schilling* Managerhaftung und Versicherungsschutz S. 38 f.; *Dahl/Riedel* Praxishandbuch Interim Management S. 197.

das erste D&O-Versicherungskonzept[434]. Mittlerweile ist die D&O-Versicherung zu einem Standardprodukt in den USA geworden, ohne deren Existenz Manager in größeren Unternehmen nicht bereit sind, eine Führungsposition in einem Unternehmen zu übernehmen.

Die Entwicklung wurde auch in Europa nachvollzogen[435]. Hier wurden zunächst die amerikanischen Versicherungsbedingungen direkt übernommen, bis man feststellte, dass die Risiken in Europa und insbesondere auch in Deutschland anders gelagert waren. Hemmend für das Angebot von D&O-Versicherungen in Deutschland war zudem auch die Tatsache, dass die ersten Versicherungsbedingungen auf Wunsch des Bundesaufsichtsamtes für das Versicherungswesen (heute BaFin) einen Ausschluss von Ansprüchen im Zusammenhang mit „unternehmerischen Fehlentscheidungen" enthielten[436]. Durch eine Veränderung der Versicherungsbedingungen und die auch in Deutschland gestiegenen Haftungsrisiken konnten sich die D&O-Versicherungen später jedoch auch in Deutschland durchsetzen und stellen nunmehr ein übliches Instrument dar.

b) Deckungsumfang von D&O-Versicherungen

D&O-Versicherungen schützen grundsätzlich das Privatvermögen der Geschäftsführer, der Aufsichtsräte (falls vorhanden) und in der Regel auch der leitenden Angestellten der Gesellschaft vor Haftpflichtansprüchen aus Vermögensschäden im Rahmen ihrer dienstlichen Tätigkeit. Einfach formuliert handelt es sich bei diesem Produkt um eine Art „Berufshaftpflichtversicherung für Manager". Dementsprechend machen auch immer mehr Unternehmensleiter das Thema „Schutz des Privatvermögens durch eine D&O-Versicherung" zur Chefsache. Im Hinblick auf Innenhaftungsansprüche der Gesellschaft gegenüber ihren Organmitgliedern schützen D&O-Versicherungen jedoch auch das Vermögen der Gesellschaft selbst, da häufig nur so eine Realisierung der Schäden der Gesellschaft möglich ist.

Fälle der Haftung von Unternehmensleitern können fast täglich den einschlägigen Medien entnommen werden. Die Möglichkeit der Absicherung von persönlichen Haftungsrisiken von Organmitgliedern durch eine D&O-Police lässt dabei auch die Tendenz erkennen, latent vorhandene Anspruchsmentalitäten zu verstärken. Genügend Anreiz, eine D&O-Deckung zu beanspruchen, bieten nicht zuletzt auch die im D&O-Markt teilweise erhältlichen Kapazitäten.

---

434 *Thümmel* Persönliche Haftung von Managern und Aufsichtsräten Rn 451; *Dahnz/Grimminger* Manager und Ihr Berufsrisiko S. 409.

435 *Beckmann* in Beckmann/Matusche-Beckmann, Versicherungsrechtshandbuch § 28 Rn 2.

436 *Plück/Lattwein* Haftungsrisiken für Manager S. 188 f.; *Barzen/Brachmann/Braun* D&O-Versicherung S. 104; *Schilling* Managerhaftung und Versicherungsschutz S. 14.

Der D&O-Markt stellte sich in den letzten Jahren als sehr volatil dar, so dass die Entwicklung in den nächsten Jahren sowohl bedingungs- als auch prämienseitig kaum prognostizierbar ist.

Für die Risikoprüfung und die Ermittlung der individuellen Versicherungsprämie ist es erforderlich, dass der Versicherer einen umfassenden Eindruck von dem zu versichernden Unternehmen und deren Organmitgliedern erhält. Hierzu bedarf es ggf. Informationen aus Fragebögen, aus allgemein oder speziell zugänglichen Datenquellen, der Analyse der Unternehmensprüfberichte und – insbesondere bei hohen Versicherungskapazitäten – auch häufig eines persönlichen Gespräches mit den betreffenden Personen der Unternehmensleitung.

Zwischen den Versicherungsbedingungen der verschiedenen Versicherer bestehen weitreichende Unterschiede, der Teufel steckt hier im Detail. Der Gesamtverband der Deutschen Versicherungswirtschaft e.V. hat zwar in Zusammenarbeit mit den großen deutschen D&O-Versicherern Musterbedingungen (AVB – AVG) erarbeitet, diese haben sich jedoch nicht allgemein durchgesetzt[437]. Vielmehr haben es die einzelnen Versicherer vorgezogen, individuelle Versicherungsbedingungen ihren D&O-Policen zugrunde zu legen. Der Schutzzweck gewinnt aktuell dadurch etwas an Unschärfe, dass einige Anbieter versuchen, die D&O-Policen mit mehr oder weniger sinnvollen „Extras" zu einer vermeintlichen „Super-Deckung" mutieren zu lassen.

Eine wichtige Frage bei der Gestaltung von D&O-Versicherungsschutz ist die nach der jeweils risikoadäquaten Versicherungssumme. Hierzu gibt es eine Vielzahl von Ansätzen, die aber nur als „Hilfestellung" bei der Bemessung der Deckungssumme herangezogen werden können. Anhaltspunkte können z.B. die Bilanzsumme oder der Umsatz sein, wobei als Faustregel gilt, dass die Versicherungssumme diese Summen grundsätzlich jedenfalls nicht übersteigen sollte, wobei sich das Verhältnis von Bilanzsumme und Versicherungssumme bei höheren Bilanzsummen degressiv verhält. Umso kleiner die Bilanzsumme einer Gesellschaft ist, desto größer wird auch wiederum die Abweichung von der Ideallösung sein. Vor Abschluss einer D&O-Versicherung ist jedenfalls ein umfassender Vergleich der unterschiedlichen Bedingungen erforderlich und die Beratung durch entsprechende D&O-Berater bzw. Versicherungsmakler empfehlenswert.

Im Allgemeinen lassen sich jedoch die folgenden Punkte als Standardumfang der Versicherungsdeckung festhalten:

aa) Erfasste Schäden

Grundsätzlich werden von den D&O-Versicherungen Vermögensschäden erfasst, die aufgrund einer Pflichtverletzung in Ausübung der versicherten Tätigkeit entstanden sind, sei es, dass es sich um Innenhaftungsansprüche oder um Außenhaf-

[437] *Schilling* Managerhaftung und Versicherungsschutz S. 14.

tungsansprüche gegenüber Dritten handelt[438]. Hierbei ist darauf zu achten, dass insbesondere die Versicherungsbedingungen amerikanischer D&O-Versicherer häufig einen Haftungsausschluss für Innenhaftungsansprüche vorsehen[439]. Dies kann insbesondere dann relevant werden, wenn die Organmitglieder der deutschen Gesellschaft in einen amerikanischen Versicherungsvertrag insbesondere der Konzernmutter einbezogen sind. Da die Innenhaftungsrisiken in Deutschland deutlich höher sind als die Außenhaftungsrisiken, ist darauf zu achten, dass gegebenenfalls ein gesonderter Versicherungsschutz inklusive der Deckung für Innenhaftungsansprüche erreicht wird.

Der Versicherungsschutz umfasst die gerichtliche und außergerichtliche Abwehr von Haftungsansprüchen (Abwehrfunktion) sowie deren Befriedigung im Fall der Begründetheit (Schadenausgleichsfunktion). Die D&O-Versicherung ist somit keine „Superauffang-Deckung", so dass der Schutz des Privatvermögens von Organmitgliedern vorrangiger Zweck der Versicherung bleiben sollte. Im Unterschied zu vielen anderen Versicherungsarten in Deutschland sind vom Versicherungsschutz der D&O-Versicherung diejenigen Ansprüche umfasst, die während der Versicherungsdauer gegen die versicherten Personen erstmals geltend gemacht werden (claims-made-Prinzip). Um dem claims-made-Prinzip gerecht zu werden, bieten beinahe alle D&O-Policen – frei von bekannten Pflichtverletzungen – eine zeitlich zum Teil begrenzte Rückwärtsdeckung. Danach kommt es nicht darauf an, ob die eigentliche Pflichtverletzung in dem versicherten Zeitraum oder bereits vorher stattgefunden hat (Verursachungsprinzip). Für die Frage, ob Versicherungsschutz besteht, ist daher auf den Zeitpunkt der Geltendmachung und nicht auf den der Pflichtverletzung abzustellen[440].

bb) Vom Versicherungsschutz erfasste Personen

Versicherungsnehmerin der D&O-Versicherung ist die Gesellschaft selbst[441]. Der Versicherungsschutz erfasst jedoch alle gegenwärtigen, ehemaligen oder zukünftig bestellten Organmitglieder. Sie werden wegen ihrer gesamtschuldnerischen Haftung üblicherweise nur in ihrer Gesamtheit als Leitungs- und Aufsichtsorgane ver-

---

[438] *Thümmel* Persönliche Haftung von Managern und Aufsichtsräten Rn 461; *Dahnz/Grimminger* Manager und ihr Berufsrisiko S. 392; *Wellhöfer* in Wellhöfer/Peltzer/Müller Haftung § 7 Rn 23; *Schilling* Managerhaftung und Versicherungsschutz S. 14.

[439] *Thümmel* Persönliche Haftung von Managern und Aufsichtsräten Rn 452; *Schilling* Managerhaftung und Versicherungsschutz S. 24 f.

[440] *Thümmel* Persönliche Haftung von Managern und Aufsichtsräten Rn 464–466; *Dahnz/Grimminger* Manager und ihr Berufsrisiko S. 394; *Peltzer* in Wellhöfer/Peltzer/Müller Haftung § 20 Rn 207; *Schilling* Managerhaftung und Versicherungsschutz S. 15; *Plück/Lattwein* Haftungsrisiken für Manager S. 197.

[441] *Thümmel* Persönliche Haftung von Managern und Aufsichtsräten Rn 458; *Dahnz/Grimminger* Manager und ihr Berufsrisiko S. 401; *Peltzer* in Wellhöfer/Peltzer/Müller Haftung § 20 Rn 185.

sichert. Die versicherten Personen werden daher nicht einzeln namentlich, sondern nur mit ihrer Organfunktion im Vertrag benannt. Häufig werden vom Versicherungsschutz auch die leitenden Angestellten der Gesellschaft erfasst[442]. Exemplarisch können Versicherungsbedingungen z.B. lauten:

> *„Versichert sind natürliche Personen in ihrer Funktion als Mitglieder oder stellvertretende Mitglieder der Geschäftsführung, des Vorstands, Aufsichtsrats, Beirats, Verwaltungsrats, Kuratoriums oder eines vergleichbaren ausländischen Organs der Versicherungsnehmerin. Natürliche Personen sind auch versichert als Generalbevollmächtigte, Prokuristen oder leitende Angestellte der Versicherungsnehmerin oder als Inhaber einer vergleichbaren Position nach ausländischem Recht. Versicherungsschutz wird jeweils im Umfang des nach den Grundsätzen der Arbeitnehmerhaftung bestehenden Haftungsrisikos gewährt. Bei Zweifeln, ob eine Person leitender Angestellter ist, gilt die für sie günstigste arbeitsrechtliche Auslegung. Außerdem sind alle Arbeitnehmer versichert, die bei der Versicherungsnehmerin faktisch Organfunktionen wahrnehmen. Insoweit besteht Versicherungsschutz im Umfang ihrer organschaftlichen Haftung. Natürliche Personen sind auch in ihrer Funktion als Liquidatoren der Versicherungsnehmerin versichert, soweit sie nicht aufgrund eines externen Dienstleistungsvertrags tätig werden und die Liquidation nicht im Rahmen eines Insolvenzverfahrens erfolgt. Das gilt jedoch nicht für Versicherungsfälle, für die Versicherungsschutz im Rahmen einer anderen Berufshaftpflichtversicherung besteht. Versicherungsschutz wird darüber hinaus den Ehegatten, eingetragenen Lebenspartnern, Betreuern, Pflegern, Nachlassverwaltern und Erben der in den vorhergehenden Ziffern genannten natürlichen Personen gewährt, soweit sie an deren Stelle in Anspruch genommen werden.“*

cc) Abgrenzung zur Vermögensschaden-Haftpflichtdeckung

Ob D&O-Versicherungen bei Dienstleistungsunternehmen auch solche Ansprüche Dritter abdecken, die auf einem pflichtwidrigen Verhalten insbesondere des Geschäftsführers bei der Erbringung von Dienstleistungen beruhen, ist streitig. Zum Teil wird vertreten, dass Pflichtverletzungen der Organmitglieder bei der Beratung von Kunden nicht von der D&O-Versicherung erfasst werden, weil sie dabei nicht als Organ der Gesellschaft handeln. Solche Pflichtverletzungen würden vielmehr von der allgemeinen Vermögensschaden-Haftpflichtdeckung für Dienstleistungsgesellschaften erfasst. Nach der anderen Auffassung handeln die Organe der Gesellschaft im Rahmen ihrer dienstlichen Tätigkeit immer als Organ, so dass eine Aufteilung zwischen Organtätigkeit und sonstiger Tätigkeit nicht möglich sei[443].

D&O-Versicherungsbedingungen enthalten oftmals so genannte Dienstleistungs- oder Berufshaftpflichtklauseln (PI-Professional Indemnity Exclusion), die jedoch regelmäßig Ansprüche wegen Auswahl-, Organisations- oder Überwachungsverschulden explizit wieder in den D&O-Versicherungsschutz einbeziehen. Diese

---

[442] *Thümmel* Persönliche Haftung von Managern und Aufsichtsräten Rn 460; *Dahnz/Grimminger* Manager und ihr Berufsrisiko S. 393; *Peltzer* in Wellhöfer/Peltzer/Müller Haftung § 20 Rn 185.

[443] Vgl. zum Meinungsstand *Schilling* Managerhaftung und Versicherungsschutz S. 17 f.

Klauseln dienen der Abgrenzung zur allgemeinen Vermögensschaden-Haftpflichtdeckung für Dienstleistungsgesellschaften und beratende Berufe. Die Vermögensschadensdeckung der Unternehmen schützt sämtliche Mitarbeiter einschließlich der Organe der Gesellschaft, wenn von Dritten, insbesondere Kunden der Gesellschaft, Haftpflichtansprüche geltend gemacht werden, die im Zusammenhang mit der beruflichen Tätigkeit stehen[444]. Weiterhin werden von den D&O-Versicherungen in der Regel allein Vermögensschäden erfasst. Hiervon abzugrenzen sind Sach- und Personenschäden. Ausgeschlossen ist zudem auch die Haftung für Vermögens-Folgeschäden, die sich aus Personen- und Sachschäden herleiten[445].

Jedoch hat sich der sog. „erweiterte Vermögensschadenbegriff" in D&O-Policen durchgesetzt, wonach ein Folgeschaden entsprechend der nachfolgend beispielhaft aufgeführten Klausel als Vermögensschaden angesehen wird:

> *„Ein Folgeschaden ist jedoch dann als Vermögensschaden anzusehen, wenn die Pflichtverletzung nicht für den Personen- oder Sachschaden, sondern ausschließlich für den Folgeschaden ursächlich ist, oder der Personen- oder Sachschaden nicht bei der Versicherungsnehmerin oder einem Tochterunternehmen, sondern bei einem Dritten eintritt und die Versicherungsnehmerin oder ein Tochterunternehmen aufgrund dieses Personen- oder Sachschadens einen Folgeschaden erleidet, der über den Ausgleich des bei dem Dritten eingetretenen Personen- oder Sachschadens hinausgeht."*

dd) Nachhaftung

Die meisten D&O-Versicherungsbedingungen sehen sogenannte Nachhaftungs-regelungen vor. Innerhalb des üblicherweise bis zu drei bzw. fünf Jahren dauernden Nachhaftungszeitraums können Haftpflichtansprüche auch dann bei der Versicherung angemeldet werden, wenn allein die Pflichtverletzung in die ursprünglich vereinbarte Vertragsdauer fällt. Insofern wird das „Claims-made-Prinzip" mit dem sonst üblichen Verstoßprinzip gekoppelt[446]. In den Einzelheiten weisen jedoch auch die Nachhaftungsregelungen Besonderheiten auf und können stark voneinander abweichen, so dass hier besondere Aufmerksamkeit geboten ist. Über die Nachhaftungsregelung steht allerdings in der Regel allein die noch nicht verbrauchte Deckungssumme des letzten Versicherungsjahres zur Verfügung. Soweit sie bereits in Anspruch genommen worden ist, besteht auch bei Vereinbarung einer Nachhaftung bzw. Nachmeldefrist kein Versicherungsschutz mehr[447]. Ohne die Gewährung einer

---

[444] *Schilling* Managerhaftung und Versicherungsschutz S. 17 f.

[445] *Dahnz/Grimminger* Manager und Ihr Berufsrisiko S. 392; *Schilling* Managerhaftung und Versicherungsschutz S. 18 f.; *Plück/Lattwein* Haftungsrisiken für Manager S. 190; *Peltzer* NZG 2009, 970, 971.

[446] *Thümmel* Persönliche Haftung von Managern und Aufsichtsräten Rn 464–466; *Dahnz/Grimminger* Manager und ihr Berufsrisiko S. 394; *Peltzer* in Wellhöfer/Peltzer/Müller Haftung § 20 Rn 207.

[447] *Schilling* Managerhaftung und Versicherungsschutz S. 16; *Plück/Lattwein* Haftungsrisiken für Manager S. 199.

Nachmeldefrist sind Ansprüche, die nach Vertragsbeendigung erhoben werden, nicht vom Versicherungsschutz umfasst. So sehen aktuelle D&O-Bedingungen beispielsweise vor, dass mit jedem Jahr Versicherungslaufzeit beitragsneutral auch ein Jahr Nachhaftungsdauer erworben wird. Daneben kann die Nachhaftung gegen Zahlung einer zusätzlichen Prämie „eingekauft" werden[448]. Zunehmend trifft man im D&O-Markt auch auf Anbieter, die von vornherein eine drei- bis fünfjährige Nachhaftungsdauer gewähren[449]. Die Gewährung einer Nachhaftung wird meistens davon abhängig gemacht, dass die Beendigung des Vertrages nicht wegen Prämienzahlungsverzuges erfolgt.

In D&O-Bedingungswerken ist jedoch manchmal auch geregelt, dass die Nachhaftung mit dem Zeitpunkt des Abschlusses eines Anschlussvertrages bei einem anderen Versicherer endet. Vor diesem Hintergrund war bei einem Versichererwechsel bislang immer darauf zu achten, dass der das Risiko übernehmende D&O-Anbieter eine unbegrenzte Rückwärtsversicherung gewährt, da anderenfalls eine nicht unerhebliche Deckungslücke entstanden wäre. Diesem Umstand wollen die meisten D&O-Anbieter dadurch Rechnung tragen, dass sie sog. Unverfallbarkeitsklauseln in ihre Bedingungswerke aufgenommen haben. Dies bedeutet, dass die Nachmeldefrist auch im Falle des Versichererwechsels, selbst wenn der neue Versicherer keine oder nur eingeschränkte Rückwärtsdeckung gewährt, bei dem Vor-Versicherer bestehen bleibt. Jedoch wird durch die Unverfallbarkeits-Klausel auch eine Scheinsicherheit gewährt, da ein Anschlussversicherer aus dem Prämien-Aspekt geradezu aufgefordert ist, entgegen der üblichen Praxis, ohne Rückwärtsdeckung anzubieten. In der Folge entsteht nach Ablauf der vom Vor-Versicherer gewährten unverfallbaren Nachmeldefrist dann die erwähnte Deckungslücke für Pflichtverletzungen der Vergangenheit. Um auf der sicheren Seite zu sein, ist im Ergebnis deshalb immer darauf zu achten, dass die D&O-Versicherung eine unbegrenzte Rückwärtsversicherung beinhaltet und der jeweilige Anschlussversicherer Kontinuität gewährleistet.

Der Umfang des Versicherungsschutzes für während der Nachhaftungsdauer geltend gemachte Ansprüche richtet sich grundsätzlich nach den bei Ablauf der letzten Vertragsperiode geltenden Vertragsbestimmungen.

ee) Rückwärtsdeckung

Wie bereits erwähnt, ist die sogenannte Rückwärtsdeckung regelmäßiger Deckungsbestandteil. Danach werden auch bereits vor Vertragsbeginn verursachte Pflichtverletzungen vom Versicherungsschutz erfasst, soweit sie nicht bereits bei Vertragsabschluss bekannt waren[450]. Zum Teil werden hierbei jedoch auch solche Pflichtverletzungen vom Versicherungsschutz ausgenommen, von denen die Gesell-

---

[448] *Thümmel* Persönliche Haftung von Managern und Aufsichtsräten Rn 466.
[449] *Lange* r+s 2006, 177, 179; *Lattwein/Krüger* NVersZ 2000, 365, 366.
[450] *Lange* DStR 2002, 1674, 1675; *Lattwein/Krüger* NVersZ 2000, 365, 366.

schaft bzw. ihre Organe nur aufgrund grober Fahrlässigkeit keine Kenntnis hatten[451]. Bezüglich der Kenntnis-Zurechnung haben sich z.B. die nachfolgenden Repräsentantenklauseln durchgesetzt:

Zurechnung bei versicherten Personen

> *„Die Kenntnis, das Verhalten und das Verschulden einer versicherten Person werden einer anderen versicherten Person nicht zugerechnet".*

Zurechnung bei der Versicherungsnehmerin

> *„Soweit die Kenntnis und das Verhalten der Versicherungsnehmerin von rechtlicher Bedeutung sind, werden – in Abweichung von § 47 Abs. 1 VVG – nur die Kenntnis und das Verhalten folgender versicherter Personen berücksichtigt: Vorsitzender des Aufsichtsrates, Vorsitzender der Geschäftsführung, Finanzgeschäftsführer und Leiter der Rechts- und/oder Versicherungsabteilung".*

ff) Tätigkeit in Mehrheitstochtergesellschaften und Drittunternehmen

In der Regel sind auch Mehrheitstochtergesellschaften, soweit sie in den Jahresabschluss der Versicherungsnehmerin konsolidiert sind, vom Versicherungsschutz umfasst[452]. Es handelt sich jedoch nicht bei jeder konsolidierten Gesellschaft auch um eine Tochtergesellschaft. Sollen auch Schwestergesellschaften mit in den Versicherungsschutz einbezogen werden, so muss dies gesondert vereinbart werden[453]. Häufig werden auch Neugründungen direkt oder zumindest auf Anzeige gegenüber der Versicherung in den Versicherungsschutz einbezogen[454].

Schließlich können auch externe Mandate der Organmitglieder der Versicherungsnehmerin in Drittunternehmen von der D&O-Versicherung erfasst werden, ohne dass es sich um mitversicherte Mehrheitstochtergesellschaften handeln muss. Die jeweiligen Mandate müssen dann im Versicherungsvertrag benannt werden (so genannte ODL-Klausel = Outside Director Liability)[455]. Für Fremdmandate in non-for-profit-Gesellschaften hat sich eine pauschale Mitversicherung durchgesetzt, wobei die Versicherungssumme üblicherweise nur sublimitiert zur Verfügung steht.

gg) Selbstbehalte

Für Vorstandsmitglieder ist nach Inkrafttreten des VorstAG bei D&O-Versicherungen zu beachten, dass die Verträge einen Selbstbehalt von mindestens 10% des

---

[451] *Schilling* Managerhaftung und Versicherungsschutz S. 16; *Plück/Lattwein* Haftungsrisiken für Manager S. 197 f.; *Lattwein/Krüger* NVersZ 2000, 365, 366.

[452] *Thümmel* Persönliche Haftung von Managern und Aufsichtsräten Rn 460; *Schilling* Managerhaftung und Versicherungsschutz S. 20.

[453] *Schilling* Managerhaftung und Versicherungsschutz S. 20.

[454] *Schilling* Managerhaftung und Versicherungsschutz S. 21.

[455] *Schilling* Managerhaftung und Versicherungsschutz S. 21.

Schadens bis mindestens zur Höhe des Eineinhalbfachen der festen jährlichen Vergütung des Vorstandsmitglieds vorsehen müssen (§ 93 Abs. 2 S. 3 AktG). Altverträge, die vor dem Datum des Inkrafttretens des VorstAG geschlossen wurden, werden von der Neuregelung bis zum 1. Juli 2010 nicht betroffen[456]. In Höhe des Selbstbehalts haben die Organmitglieder bei einer Inanspruchnahme durch die Gesellschaft oder Dritte den Schaden selbst zu tragen. Der Selbstbehalt gilt bei jedem einzelnen Schadensfall während die Höchstgrenze für sämtliche Schäden in einem Jahr gilt[457]. Dabei ist für die Höchstgrenze das Jahr des Pflichtverstoßes als Bezugsjahr zu nehmen[458]. Der Selbstbehalt soll vorbeugend gegen organschaftliche Pflichtverletzungen wirken[459]. § 93 Abs. 2 S. 3 AktG verhindert nicht, dass ein Vorstandsmitglied sein Risiko durch eine von ihm abgeschlossene Zusatzversicherung abdeckt[460], da die Pflicht zur Vereinbarung eines Selbstbehalts ausdrücklich für von der Gesellschaft abgeschlossene Versicherungen gilt[461].

Für die Geschäftsführer einer GmbH gilt § 93 Abs. 2 S. 3 AktG weder direkt noch analog[462]. Es gibt demnach für GmbH-Geschäftsführer keine gesetzliche Pflicht, einen Selbstbehalt zu vereinbaren.

c) Grenzen des Versicherungsschutzes

Nicht vom Versicherungsschutz einer D&O-Versicherung erfasst sind Schäden, die durch vorsätzliche Pflichtverletzungen verursacht worden sind. In der Regel sind daher sämtliche Arten der Fahrlässigkeit gedeckt. Zum Teil enthalten die D&O-Versicherungsbedingungen jedoch auch einen Deckungsausschluss für „wissentliche Pflichtverletzungen". Eine wissentliche, aber nicht vorsätzliche Pflichtverletzung begeht, wer sich sowohl der Pflicht als auch ihrer Verletzung im Zeitpunkt der Tat bewusst ist, allerdings ohne die Verwirklichung der Pflichtverletzung zu wollen[463].

---

[456] Begründung VorstAG-RegE BT-Drs. 16/13433 S. 19; *Koch* AG 2009, 637, 640; *Bosse* BB 2009, 1650, 1652; *Hohenstatt* ZIP 2009, 1349, 1354; *van Kann* NZG 2009, 1010, 1012.

[457] Begründung VorstAG-RegE BT-Drs. 16/13433 S. 17; *Bosse* BB 2009, 1650, 1652; *Olbrich/Kassing* BB 2009, 1659, 1660; *van Kann* NZG 2009, 1010, 1011.

[458] Begründung VorstAG-RegE BT-Drs. 16/13433 S. 17; *Olbrich/Kassing* BB 2009, 1659, 1660; *van Kann* NZG 2009, 1010, 1012.

[459] *Fleischer* NZG 2009, 801, 806; *Koch* AG 2009, 637, 641; *Hohenstatt* ZIP 2009, 1349, 1354.

[460] *Hohenstatt* ZIP 2009, 1349, 1354; *van Kann/Keiluweit* DStR 2009, 1587, 1589; *Fleischer* NZG 2009, 801, 806; *Bosse* BB 2009, 1650, 1652; *Olbrich/Kassing* BB 2009, 1659, 1662; *van Kann* NZG 2009, 1010, 1012.

[461] *Lange* Versicherungswirtschaft 2009, 918; *Hohenstatt* ZIP 2009, 1349, 1354; *van Kann/Keiluweit* DStR 2009, 1587, 1589; *Fleischer* NZG 2009, 801, 806.

[462] *Voit* in Prölss/Martin Versicherungsvertragsgesetz AVB-AVG 4 Rn 9; *Greven* BB 2009, 2154, 2157.

[463] BGH VersR 1987, 174; BGH VersR 1986, 647.

Ebenso vom Versicherungsschutz üblicherweise ausgenommen sind Ansprüche wegen Geldstrafen und Geldbußen[464].

D&O-Versicherungen enthalten in der Regel eine Subsidiaritätsklausel. Daher sind Schäden, die neben der D&O-Versicherung auch von einem anderen Versicherungsvertrag erfasst werden, zunächst über die anderen Verträge zu regulieren[465]. Sofern der andere Versicherer seine Eintrittspflicht aber ganz oder teilweise bestreitet, so ist auch immer öfter eine Vorleistungspflicht zumindest für die Abwehrkosten geregelt – jedoch gegen Abtretung des entsprechenden Deckungsanspruches gegen den jeweils anderen Versicherer.

D&O-Versicherungen sehen manchmal auch eine sogenannte Insolvenzklausel vor, wonach im Falle einer Insolvenz der Versicherungsnehmerin der Versicherungsschutz nur für Pflichtverletzungen bis zur Eröffnung des jeweiligen Insolvenzverfahrens gewährt wird. Ergänzend werden dann auch häufig etwa Ansprüche von Sozialversicherungsträgern oder des Insolvenzverwalters ausgeschlossen. Dies ist vor allem bei jungen und insolvenzgefährdeten Unternehmen der Fall, damit sie überhaupt Versicherungsschutz erhalten können. Derartige Insolvenzklauseln verlieren jedoch zunehmend an Bedeutung.

Schließlich beinhalten die meisten Versicherungsbedingungen einen generellen Haftungsausschluss für sämtliche Ansprüche, die in den USA oder sogar Nordamerika geltend gemacht werden[466]. Ist dies nicht der Fall oder wird dieser Ausschluss per besonderer Vereinbarung abbedungen, so enthalten die Versicherungsbedingungen jedoch üblicherweise Ausschlussklauseln für Ansprüche aus der Verwaltung von Sondervermögen zur Renten- und Sozialversicherung nach dem Employee Retirement Income Security Act of 1934 (sogenannter ERISA-Ausschluss), für kapitalmarktrechtliche Ansprüche nach dem Securities and Exchange Act of 1934 oder für Innenhaftungsansprüche[467].

d) Obliegenheits- und Anzeigepflichten

Nach den Bedingungen der verschiedenen D&O-Versicherer bestehen unterschiedlich weitgehende Obliegenheits- und Anzeigeverpflichtungen der Versicherungsnehmerin. Häufig wird ihnen bereits in einem sehr frühen Stadium die Verpflichtung auferlegt, möglicherweise haftungsbegründende Sachverhalte oder Gefahrerhöhungen, wie etwa die Änderung des Unternehmensgegenstands oder der Erwerb von

---

[464] *Schilling* Managerhaftung und Versicherungsschutz S. 22; *Plück/Lattwein* Haftungsrisiken für Manager S. 206; *Küppers/Dettmeier/Koch* DStR 2002, 199, 201.

[465] *Schilling* Managerhaftung und Versicherungsschutz S. 24; *Plück/Lattwein* Haftungsrisiken für Manager S. 209 f.

[466] *Dahnz/Grimminger* Manager und ihr Berufsrisiko S. 398.

[467] *Dahnz/Grimminger* Manager und ihr Berufsrisiko S. 398 f.; *Schilling* Managerhaftung und Versicherungsschutz S. 25.

Tochtergesellschaften mit Sitz in den USA, mitzuteilen. Zudem sind u.a. auch eingeleitete Ermittlungsverfahren oder Strafbefehlsverfahren, die den Ersatz eines Vermögensschadens zum Gegenstand haben, dem D&O-Versicherer zu melden. Die Verletzung der Obliegenheits- und Anzeigepflichten kann Einfluss auf die Versicherungsdeckung haben. Sie sind daher vor Abschluss des Versicherungsvertrages einer besonders kritischen Würdigung zu unterziehen[468].

e) Anspruchsberechtigte

Anspruchsberechtigt aus dem Versicherungsvertrag sind die versicherten Personen, also insbesondere die Geschäftsführer. Der Gesellschaft als Versicherungsnehmerin steht daher kein direkter Anspruch gegenüber dem D&O-Versicherer für Innenhaftungsansprüche zu. Erforderlich ist stets die vorherige Inanspruchnahme des versicherten Organmitglieds[469], das bei einer gerichtlichen Feststellung des Anspruchs dann Ausgleich des Schadens verlangen kann. Der D&O-Versicherungsvertrag stellt daher einen echten Vertrag zugunsten Dritter dar[470]. Der Versicherte kann i.d.R. die gegen ihn erhobene Haftpflichtforderung aber auch ohne Zustimmung des Versicherers anerkennen, ohne dadurch seinen Versicherungsschutz zu verlieren. Die Abtretung des Deckungsanspruchs kann auch nicht mehr durch allgemeine Versicherungsbedingungen ausgeschlossen werden.

Die Prämien für die Versicherung sind von der Gesellschaft als Versicherungsnehmerin zu tragen.

f) Company Reimbursement-Klausel

Von der D&O-Versicherung werden nur Schadenersatzansprüche gegenüber den Organmitgliedern der Gesellschaft gedeckt, gleichgültig ob sie durch Dritte (Außenhaftung) oder die Gesellschaft (Innenhaftung) geltend gemacht werden[471]. Eine Ausdehnung der Versicherung auf Schadenersatzansprüche, die unmittelbar gegenüber der Gesellschaft geltend gemacht werden, ist grundsätzlich nicht möglich[472].

Zulässig und üblich ist dagegen eine Vereinbarung, nach der im Falle einer Freistellungsverpflichtung der Gesellschaft gegenüber ihren Organmitgliedern der An-

---

[468] Vgl. hierzu *Schilling* Managerhaftung und Versicherungsschutz S. 26; *Plück/Lattwein* Haftungsrisiken für Manager S. 211 ff.; *Küppers/Dettmeier/Koch* DStR 2002, 199, 201.

[469] OLG München DB 2005, 1675; vgl. hierzu auch *Thümmel* Persönliche Haftung von Managern und Aufsichtsräten Rn 469; *Dreher* DB 2005, 1669 ff.; *von Westphalen* DB 2005, 431 ff.

[470] *Thümmel* Persönliche Haftung von Managern und Aufsichtsräten Rn 458; *Schilling* Managerhaftung und Versicherungsschutz S. 26; *Koch* GmbHR 2004, 18, 23.

[471] *Dreher* ZHR 165 (2001), 293, 298.

[472] *Thümmel* Persönliche Haftung von Managern und Aufsichtsräten Rn 469.

spruch auf die Versicherungsleistung in Höhe der Freistellungsverpflichtung auf die Gesellschaft als Versicherungsnehmerin übergeht (Company Reimbursement-Klausel)[473]. Soweit das Organ freigestellt wird, entfällt bei ihm der Schaden und verlagert sich stattdessen auf die Versicherungsnehmerin[474]. Da die für die D&O-Versicherung aufzuwendenden Versicherungsprämien nach Ansicht des Bundesfinanzministeriums nur bei Vereinbarung einer Company Reimbursement-Klausel nicht als geldwerter Vorteil und damit als einkommensteuerrechtlich neutral eingestuft werden, enthalten auch schon aus diesem Grunde heute fast alle D&O-Versicherungsverträge eine entsprechende Regelung[475].

g) Prämienhöhe und Deckungssumme

Die Prämienhöhe hängt von einer Vielzahl von Faktoren wie der Branche, der Deckungssumme, der Beteiligungsstruktur, etwaigem USA-Geschäft usw. ab. Berechnungsgrundlage für die Prämien sind insbesondere die wesentlichen Bilanzkennzahlen der Gesellschaft[476].

Die Höhe der zu vereinbarenden Deckungssumme hängt ebenfalls vom Einzelfall ab. Zu berücksichtigen sind auch hier unter anderem die Branche, die von der Gesellschaft erbrachten Leistungen, Lieferantenbeziehungen, Abhängigkeiten zu anderen Gesellschaften oder die Gesellschafterstruktur[477]. Auch ist zu beachten, dass die Versicherer keine unbegrenzten Deckungssummen zur Verfügung stellen. Damit soll möglichen Begehrlichkeiten Dritter entgegengewirkt werden. Die vom Versicherer angebotene Höhe der Deckungssumme hängt neben der Wirtschafts- und Ertragslage auch von der Bilanzsumme und der Eigenkapitalausstattung der Versicherungsnehmerin ab. Als grobe Faustformel für die Bemessung der Deckungssumme gilt, dass mindestens die Hälfte des Eigenkapitals oder 10% der Bilanzsumme durch die D&O-Versicherung abgesichert sein sollten[478], wobei dies keinesfalls zwingend ist.

h) Steuerliche Behandlung der Versicherungsprämien

Der bisher bestehende Streit darüber, ob die für die D&O-Versicherung aufzuwendenden Prämien als „geldwerter Vorteil" der versicherten Personen und damit als steuerlich relevant anzusehen sind oder ob sie vielmehr im „überwiegend eigenbe-

---

[473] Thümmel Persönliche Haftung von Managern und Aufsichtsräten Rn 480.

[474] *Thümmel* Persönliche Haftung von Managern und Aufsichtsräten Rn 480.

[475] Vgl. Ziffer 1.2 AVB-AVG der Musterbedingungen des GDV.

[476] *Schilling* Managerhaftung und Versicherungsschutz S. 29; *Lange* DStR 2002, 1626, 1628; *Küppers/Dettmeier/Koch* DStR 2002, 199, 202.

[477] *Lange* DStR 2002, 1626, 1628.

[478] *Schilling* Managerhaftung und Versicherungsschutz S. 28 f.

trieblichen Interesse" des Unternehmens liegen[479], ist mittlerweile durch den Erlass des Bundesfinanzministeriums, vom 24. Januar 2002 (Az.: IV C 5 – S 2332 – 8/02) dahin gehend geklärt worden, dass „von einem überwiegenden eigenbetrieblichen Interesse auszugehen" ist, wenn die zu beurteilende D&O-Versicherung die folgenden Kriterien erfüllt:

- Es handelt es sich bei der D&O-Versicherung um eine Vermögensschaden-Haftpflichtversicherung, die in erster Linie der Absicherung des Unternehmens oder des Unternehmenswertes gegen Schadenersatzforderungen Dritter gegenüber dem Unternehmen dient, die ihren Grund in dem Tätigwerden oder Untätigbleiben der für das Unternehmen verantwortlich handelnden und entscheidenden Organe und Leitungsverantwortlichen haben.
- Die D&O-Verträge enthalten besondere Klauseln zur Firmenhaftung oder eine Company Reimbursement-Klausel, die im Ergebnis dazu führen, dass der Versicherungsanspruch aus der Versicherungsleistung dem Unternehmen als Versicherungsnehmer zusteht.
- Die D&O-Versicherungen sind des Weiteren dadurch gekennzeichnet, dass regelmäßig das Management als Ganzes versichert ist und Versicherungsschutz für einzelne Personen nicht in Betracht kommt und Basis der Prämienkalkulation nicht individuelle Merkmale der versicherten Organmitglieder sind, sondern Betriebsdaten des Unternehmens, und dabei die Versicherungssummen deutlich höher sind als typischerweise das Privatvermögen.

Ein *„überwiegend eigenbetriebliches Interesse"* ist nach Ansicht des Bundesfinanzministeriums hingegen zu verneinen, wenn Risiken versichert werden, *„die üblicherweise durch eine individuelle Berufshaftpflichtversicherung abgedeckt werden"*[480].

Da diese Kriterien von den meisten D&O-Versicherungen erfüllt werden, hat die auf die jeweilige versicherte Person entfallende anteilige Versicherungsprämie für diese keine steuerliche Relevanz[481].

i) Zuständigkeit für den Abschluss des Versicherungsvertrages

Für den Abschluss des Versicherungsvertrags ist der Geschäftsführer nach der allgemeinen Vertretungsregel des § 35 Abs. 1 S. 1 GmbHG zuständig[482]. Allerdings ist im

---

[479] Vgl. zum Meinungsstreit *Plück/Lattwein* Haftungsrisiken für Manager S. 221; *Schilling* Managerhaftung und Versicherungsschutz S. 29 f.; *Thümmel* Persönliche Haftung von Managern und Aufsichtsräten Rn 467.

[480] Vgl. den insoweit gleichlautenden Erlass des Niedersächsischen Finanzministeriums vom 25.1. 2002, DStR 2002, 687.

[481] *Plück/Lattwein* Haftungsrisiken für Manager S. 222; *Schilling* Managerhaftung und Versicherungsschutz S. 30.

[482] *Beckmann* in Beckmann/Matusche-Beckmann, Versicherungsrechtshandbuch § 28 Rn 28:*Kleindiek* in Lutter/Hommelhoff GmbHG § 43 Rn 4; *Zöllner/Noack* in Baumbach/Hueck § 43 Rn 112.

Innenverhältnis ein Beschluss der Gesellschafterversammlung über den Vertragsabschluss herbeizuführen[483]. Das Fehlen des Gesellschafterbeschlusses ist im Außenverhältnis gemäß § 37 Abs. 2 GmbHG allerdings unschädlich[484].

3. Goldene Regeln der Haftungsvermeidung

Die Haftungsfallen für den GmbH-Geschäftsführer sind vielfältig und hängen von der spezifischen Situation bei der Gesellschaft ab. Genauso mannigfaltig wie die möglichen Haftungsrisiken sind – wiederum abhängig von den Besonderheiten bei der Gesellschaft – die möglichen Haftungsvermeidungsstrategien. Der Geschäftsführer ist gut beraten, wenn er auf der Basis dieser Besonderheiten konkrete Strategien entwickelt und dauerhaft umsetzt.

Zusammenfassend und zur Veranschaulichung sollen abschließend noch Gebote und goldene Regeln für GmbH-Geschäftsführer zur Minimierung von Haftungsrisiken wiedergegeben werden. Bereits im Jahre 2000 hat Lutter[485] die folgenden zehn Gebote für Geschäftsführer formuliert:

- 1. Gebot: Einhaltung der Gesetze und nicht zuletzt des GmbHG.
- 2. Gebot: Einhaltung von Satzung und Geschäftsordnung.
- 3. Gebot: Einhaltung der Regeln des Anstellungsvertrages.
- 4. Gebot: Einhaltung von Weisungen der Gesellschafter.
- 5. Gebot: Ordnungsgemäß Organisation der Gesellschaft.
- 6. Gebot: Kontrolle der Organisation.
- 7. Gebot: Regelmäßige Kontrolle der Liquidität und Finanzlage der Gesellschaft
- 8. Gebot: Vermeidung übergroßer Risiken
- 9. Gebot: Vermeidung, mindestens aber Offenlegung aller Konflikte zwischen den Interessen der GmbH und den Eigeninteressen des Geschäftsführers.
- 10. Gebot: Sorgfältige Vorbereitung geschäftlicher und unternehmerischer Entscheidungen.

---

[483] *Beckmann* in Beckmann/Matusche-Beckmann, Versicherungsrechtshandbuch § 28 D&O-Versicherung Rn 28; *Paefgen* in Ulmer/Habersack/Winter GmbHG § 43 Rn 258; *Kleindiek* in Lutter/Hommelhoff GmbHG § 43 Rn 4; *Zöllner/Noack* in Baumbach/Hueck § 43 Rn 112; *Ziemons* in Oppenländer/Trölitzsch GmbH-Geschäftsführung § 30 Rn 11.

[484] *Paefgen* in Ulmer/Habersack/Winter GmbHG § 43 Rn 258; *Kleindiek* in Lutter/Hommelhoff GmbHG § 43 Rn 4; *Zöllner/Noack* in Baumbach/Hueck § 43 Rn 108.

[485] *Lutter*, GmbHR 2000, 301

Stichwortverzeichnis

Die Zahlen beziehen sich auf Seiten